Dresden

Siiri Klose

Inhalt

Das Beste zu Beginn
S. 4

Das ist Dresden
S. 6

Dresden in Zahlen
S. 8

Was ist wo?
S. 10

Augenblicke
Hinterhof-Harmonie
S. 13
Nicht geplatzt …
S. 14
Tagsüber ist sie blau
S. 16

Ihr Dresden-Kompass
15 Wege zum direkten Eintauchen in die Stadt
S. 18

 Schaufenster Dresdens – **der Theaterplatz**
S. 20

 Barocke Übersprungshandlung – **der Dresdner Zwinger**
S. 24

 Wo die Engel wohnen – **die Gemäldegalerie Alte Meister**
S. 28

 Der Louvre von Sachsen – **das Residenzschloss**
S. 32

 Wie Phönix aus der Asche – **rund um die Frauenkirche**
S. 36

 Die Ostmoderne hält Einzug – **Altmarkt und Prager Straße**
S. 40

 Stadt, Wiese, Fluss – **Innere Neustadt und Königsufer**
S. 44

8 Wo sich Punk und Polizist Gute Nacht sagen – **Szeneviertel Neustadt**
S. 48

9 Alle Zutaten für einen Sonntagsausflug – **der Große Garten**
S. 52

10 Erleben Sie Ihr ›Blaues Wunder‹ ... und mehr – **der Elberadweg**
S. 56

11 Die drei Grazien vom Hang – **die Elbschlösser**
S. 60

12 Hier schwebt sich's gut – **mit der Seilbahn ins Goldstaubviertel**
S. 63

13 Besenwirtschaften und Himmelsleitern – **auf der Sächsischen Weinstraße**
S. 66

14 Monarchen und Mätressen – **das Schloss Pillnitz**
S. 70

15 Die Idee von einem besseren Leben – **die Gartenstadt Hellerau**
S. 74

Dresdner Museumslandschaft
S. 78

Dresden hat Landschaft!
S. 81

Pause. Einfach mal abschalten
S. 84

In fremden Betten
S. 86

Satt & glücklich
S. 90

Stöbern & entdecken
S. 98

Wenn die Nacht beginnt
S. 104

Hin & weg
S. 110

O-Ton Dresden
S. 114

Register
S. 115

Abbildungsnachweis/Impressum
S. 119

Kennen Sie die?
S. 120

Das Beste zu Beginn

›Canaletto‹-Blick auf die Altstadt
Vom Königsufer aus wirkt die Altstadt, als hätte jemand alle Highlights für ein Familienfoto zusammengerückt. Als ›Canaletto-Blick‹ ist diese Ansicht berühmt geworden – der Maler hat sie 1748 verewigt. Trotz kurzer Distanz zum Altstadt-Trubel ist das Königsufer (📕 Karte 2, D/E 4) nicht aus seiner saloppen Gemächlichkeit zu bringen.

Steriler Name, tolles Museum
Nicht vom Namen abschrecken lassen: Das Deutsche Hygiene-Museum ist das spannendste, wissensträchtigste Museum über Körper und Geist, das Kinder und Erwachsene finden können. Der Titel der Dauerausstellung »Abenteuer Mensch« trifft es besser. Dort geht's um Geburt & Sterben, Essen & Trinken, Sexualität, Sport & Schönheit (▶ S. 54).

Moschee-Optik für Zigarettenfabrik
Die morgenländische Kuppel der Yenidze gehört seit 1909 zum Stadtbild (inkl. Kuppelrestaurant und toller Aussicht auf die Stadt). Minarette und Hufeisenbögen täuschen eine Moschee indes nur vor (▶ S. 23).

So jung ist Dresden sonst nirgends
Der Altersdurchschnitt sinkt in der Neustadt (📕 D/E 3/4) rapide von den üblichen 43 auf 31 Jahre, die Kneipendichte steigt dafür auf zwei in Greifweite, plus Platten-, Klamotten- oder Genussläden im Dutzend. Kleine Zeitfenster gibt's auch: Die Bäckerei Scholze auf der Martin-Luther-Str. 15 hat seit den frühen 80ern kaum Veränderungen vorgenommen.

Montags lieber nicht ...
Hoffentlich hat die aktuelle Lage dieses Thema beerdigt, aber noch können die Montagabende Besucher der Dresdner Altstadt zum Zweifeln bringen. Denn montags ist Pegida-Zeit, und obwohl die Aufläufe nicht mehr so groß sind wie anfangs, sind es immer noch zu viele von ihnen.

Das Beste zu Beginn

Im Dezember lässt die Stadt niemanden unbehelligt …
Den berühmten Striezelmarkt können Sie getrost auslassen. Beim Elbhangfest-Markt am Körnerplatz (📖 J 4) dagegen bietet sich gleich noch ein Spaziergang über das Blaue Wunder an. Und der romantische Weihnachtsmarkt auf dem Neumarkt (📖 Karte 2, D 4/5) wärmt mit echtem Feuer.

Die Altstadt in 20 Minuten
Kurzes Laufprogramm zu ihren allerwichtigsten Sehenswürdigkeiten (📖 D/E 4/5): vom Theaterplatz durch das Tor der Sempergalerie in den Zwingerhof, beim Glockenspielpavillon wieder hinaus, hinterm Residenzschloss auf der Augustusstraße (Fürstenzug!) zum Neumarkt – dem Johanneum stiehlt an dieser Stelle die Frauenkirche die Show. An der Kunsthochschule vorbei, am George-Treu-Platz hinauf zur Brühlschen Terrasse: Elb-Stadt-Panorama genießen, auf der großen Freitreppe hinunter zum Schlossplatz. Hinter der Hofkirche schließt sich der Kreis am Theaterplatz.

Sixtina muss sein!
Die Alten Meister in der Gemäldegalerie sind außergewöhnlich in Zahl, Vielfalt und Qualität. Raffaels »Sixtinische Madonna« (▶ S. 30) ist die Krönung von allen. Und zu ihren Füßen: zwei weltbekannte Engelköpfe.

Sind Sie länger in der Stadt?
Dann heißt es raus in die Sächsische Schweiz! Die S-Bahn fährt halbstündlich in 40 Minuten vom Hauptbahnhof nach Königstein. Von dort führt eine einstündige Wanderung zum Lilienstein (Rundweg 2,5 Std.).

In Dresden aufgewachsen, ging ich lange davon aus, dass jede größere Stadt ihre Sammlung altmeisterlicher Gemälde hat. Ein Kunstgeschichtsstudium später war mir klar: Im Normalfall haben so was nur Hauptstädte. Und Dresden.

Fragen? Erfahrungen? Ideen?
Ich freue mich auf Post.

Mein Postfach bei DuMont:
s.klose@dumontreise.de

Das ist Dresden

Die Dresdner lieben ihre Stadt. Die Dresdner streiten um ihre Stadt. Manche sind sich offen, manche insgeheim sicher: Ihre Stadt ist der Nabel der Welt. Als Dresdnerin kann ich sagen: Sie haben Grund zu der Annahme.

Daheim in der ersten Liga

Wer sich für Musik interessiert, begegnet Dresden meist zum ersten Mal durch eine Aufführung in der Semperoper. Oder durch ein ungewöhnliches Konzert im Rahmen der Musikfestspiele. In Dresden haben Komponisten wie Strauss, Weber und Wagner ebenso ihre Wurzeln wie der moderne Ausdruckstanz, der heute Teil des Lehrprogramms der Palucca Hochschule für Tanz ist. Was Dresdens Kunstsammlungen zu bieten haben, haben in anderen Ländern oft nicht einmal die Hauptstädte aufzuweisen. Allein die Bestände der Gemäldegalerie Alte Meister lassen Dresden in einer Liga mit München, Berlin und Wien spielen. Denn neben den beiden Raffael-Engelchen, die sich längst zu Weltbürgern aufgeschwungen haben, gibt es noch 750 andere Meisterwerke der italienischen Renaissance und des flämisch-holländischen Barock. Die Kinder hier wachsen auf mit Correggio, Tizian und Rembrandt; mit den Gold- und Edelsteinschätzen des Grünen Gewölbes; mit dem prunkvollsten und kostbarsten Porzellan. Und wer die anmutigen Schüsselchen aus Japan, China und Meißen in der angrenzenden Bogengalerie des Zwingers zu Gesicht bekommt, versteht sofort, warum August der Starke nicht genug kriegen konnte von diesem weißen Gold.

Das Erbe August des Starken

An August dem Starken kommt ohnehin keiner vorbei, der auch nur ein bisschen an Dresdens zeitgenössischer Oberfläche kratzt. Von der Liebe zur Kunst bis zum Hang zum Größenwahn wird sein Erbe seit 300 Jahren lebendig gehalten. Dieser sächsische Kurfürst und polnische König schaffte es nachhaltig, den Reichtum seiner Residenzstadt in aller Pracht zu zeigen. Das Silber und die anderen Metalle des Erzgebirges bildeten dafür bereits seit dem 12. Jh. den Grundstock. Doch das Erz sorgte nicht nur für bare Münzen: Um es zu fördern und zu nutzen, brauchte es Brennöfen, Kenntnisse chemischer und physikalischer Prozesse, Transportmittel, Vermessungstechniken. 1765 wurde die Bergakademie im nahen Freiberg gegründet – die erste Bergakademie im deutschen Raum. Und die Erfindung des europäischen Porzellans in Dresden 1708 war nicht das zufällige Ergebnis eines durchgeknallten Alchimisten auf der Suche nach Gold, als der Johann Friedrich Böttger oft noch immer hingestellt wird, sondern das Resultat einer systematischen Material- und Technologieforschung.

Dresdens Schönheit

Die Pole Wissenschaft, Technologie und Wirtschaft auf der einen und Kunst auf der anderen Seite bestimmen Dresden bis heute. Manchmal, wie beim Bau der Waldschlösschenbrücke, die Dresden 2006 den Titel

Das ist Dresden

Dresdens Schönheit im Dämmerlicht

UNESCO-Welterbe Dresdner Elbtal gekostet hat, sorgen sie für Reibung: Damals standen die Bewahrer der grünen, naturnahen Elbwiesen gegen die Förderer einer wirtschaftsgerechten, schnellen Autoverbindung des Uni-Standortes im Süden mit den Hightech-Ansiedlungen im Norden – und verloren. Denn Dresdens Schönheit ist auch der sensibelste Punkt der Stadt: Die unmittelbare Nähe zu großartigen Landschaften, die Wiesen, die entlang der Elbe ein Stück Wildnis in die Stadt tragen, die großzügigen Stadtgärten in Gründerzeit-Vierteln wie Striesen und die verwildert-vergessenen Brachen ... Ihre Gegner heißen Verdichtung, Zersiedlung und autogerechte Stadt. Glücklicherweise hat der größte Teil der Dresdner begriffen, dass ihnen diese Art von Stadtentwicklung nicht gut tut. Und eine andere auch nicht: Heute stehen Wirtschaft, Wissenschaft, Kultur und Politik zusammen gegen den dumpfen Fremdenhass von Pegida.

Geburtenhauptstadt Deutschlands

Pegida stört das sympathische Bild, das Dresden für sich verbuchen könnte. Es gibt eine breite Ursachensuche, was genau die Leute auf die Straße treibt, denn verglichen mit anderen Städten hat Dresden kein multikulturelles Straßenbild. Vielleicht ist es vielmehr eine grundlegende Verunsicherung: Seit Dresden 2006 seine Wohnungsbaugenossenschaft verkaufte, um schuldenfrei zu werden, hat die Stadt keinerlei Einfluss mehr auf den Wohnungsmarkt. Steigende Mieten gentrifizieren die Stadtviertel, während die Gehälter 17 Prozent unter dem deutschen Durchschnittsniveau liegen. Dass die Stadt wächst, macht es nicht einfacher – aber Dresden doch wieder sympathisch: Hier kommen pro Einwohner mehr Kinder zur Welt als in jeder anderen deutschen Stadt, hier nimmt fast die Hälfte der Väter Vätermonate, hier sitzen mehr Frauen in Chefpositionen als in jedem anderen Bundesland. Und Pegida? Das wächst sich aus.

Dresden in Zahlen

2
Jahre dauerte der Verbleib in der 3. Fußball-Liga. Seit 2016 spielt Dynamo Dresden wieder in der 2. Liga!

3
-mal jährlich gehen die Dresdner ins Kino. Seit die Geburtenrate steigt, gehen die Kinobesuche allerdings zurück ...

41
Prozent der Väter beantragen Elterngeld. In Dresden scheinen sogar die Chefs mitzuspielen ...

46
Forschungseinrichtungen vom Max-Planck- bis zum Leibniz-Institut haben ihren Sitz in Dresden. Das macht knapp 33 Forscher pro 1000 Erwerbstätige (in München etwa sind es 28).

92
Prozent des Gehalts ihrer männlichen Kollegen erhalten Frauen hier. Zusammen mit den Karrierechancen macht das Dresden zur frauenfreundlichsten Stadt Deutschlands.

100
Meter ist der Hausmannsturm des Residenzschlosses hoch – und bietet die höchste Sicht auf Dresden.

30
Kilometer lang fließt die Elbe durch Dresdens Stadtgebiet.

134
Kilometer Streckenlänge umfasst das Schienennetz der Straßenbahnen.

187
Gramm Blattgold überziehen den Goldenen Reiter!

251
Meter hoch ist der Fernsehturm. 1991 wurde das Café auf 145 Metern Höhe geschlossen – ein herber Verlust für die Stadt.

1500
Firmen und 48 000 Beschäftigte in der Mikroelektronik machen Dresden zur Nr. 1 in Europa.

7877
Dresdner kamen 2015 zur Welt – damit ist Dresden Nachwuchssieger in Deutschland!

48 000
Konzertbesucher konnte Roland Kaiser 2015 für sich verbuchen.

12 000 000
Euro etwa sind für den aktuellen Komplett-Korrosionsschutz des Blauen Wunders veranschlagt.

28 400 000 000
Liter Wasser fließen durchschnittlich an einem Tag unter Dresdens Brücken hindurch. Beim Hochwasser im Jahr 2002 war es achtmal so viel.

Was ist wo?

Die Elbe fließt mitten durch Dresden und schafft mit ihren weiten Elbwiesen eine höchst lebendige Verbindung zwischen den Stadtteilen an ihren Ufern. Das flache Elbtal der Südseite bildet dabei einen reizvollen Kontrast zu den steilen Hängen auf der nördlichen Uferseite, die mit ihrer Weinbergsbewirtschaftung, Schlösser- und Villenbebauung sehr malerisch wirkt.

Das Stadtzentrum

Eine Elbfurt ungefähr an der Stelle, wo heute die **Augustusbrücke** steht, ein Kastell zum Bewachen dieser Furt, eine Vorgängerin der heutigen Frauenkirche und das höher gelegene und damit hochwassergeschützte Gelände am **Taschenbergpalais** – zwischen diesen geografischen, geistigen und politischen Gegebenheiten spielte sich Dresdens Stadtwerdung vor über 800 Jahren ab. Bis heute ist in diesem kleinen Geviert (Karte 2, D 4) alles vorhanden, was Dresdens Bekanntheit ausmacht: Semperoper, Zwinger, Residenzschloss, Hofkirche, Johanneum, Brühlsche Terrasse und natürlich auch die **Frauenkirche** – der kaum noch jemand ansieht, dass sie mitsamt dem Neumarkt rundherum vor zwanzig Jahren noch nicht existierte. Dafür lässt sich die heutige Bebauung am besten mit einem Blick vom Hausmannsturm des Schlosses oder von der Kuppel der Frauenkirche aus betrachten.

Sprung über die Elbe

Die Augustusbrücke führt hinüber zur **Inneren Neustadt** (Karte 2, D/E 3/4) mit dem **Japanischen Palais** am Palaisplatz und dem alten Barockviertel rund um die Königstraße, die von dem Platz abgeht und bis zum **Albertplatz** führt. Hier und in der benachbarten Hauptstraße laden exklusive Geschäfte, gute Restaurants und Cafés zum Flanieren ein. Unbedingt dazu gehören sollte ein Spaziergang am **Königsufer**, der beliebtesten innerstädtischen Grünanlage.

Szeneviertel

Ab dem Albertplatz ändert sich das geruhsame Bild: Im Szeneviertel **Äußere Neustadt** (Karte 2, E 2/3) sinkt das Durchschnittsalter auf Studentenniveau, dafür steigt die Anzahl der Kneipen und Bars sprunghaft. Zwischen den geschlossenen, in der Gründerzeit gebauten Straßenzeilen gedeihen Subkulturen, die ihren Ausdruck in Galerien, Clubs und Läden mit schräger Produkt- bzw. Programmpalette finden. Der ohnehin belebte Stadtteil füllt sich in den Abendstunden: Dresdens Nachtleben ist hier bei Weitem am lebendigsten.

Der Große Garten

Die stark befahrene **Petersburger Straße** trennt die Innenstadt in Höhe des Rathauses von dem östlich gelegenen Parkanlage, die von der Bürgerwiese in den Blüherpark und schließlich in den **Großen Garten** (E/F 6) führt – Dresdens größter und ältester Parkanlage auf zwei Quadratkilometern Fläche. Im Zentrum liegt ein frühbarockes Palais, zu dem symmetrische Schaubeete und Wasserflächen gehören. Dann verlieren sich die Wege in einer englischen Parklandschaft und führen zu einem Gondelteich mit nettem Café, großen Spiel- und Liegewiesen und den Bahnhöfen der Parkeisenbahn. Das Georg-Arnhold-Bad mit großer Außenanlage, das Fußballstadion des Dynaomo Dresden, der **Zoo** und der **Botanische Garten,** die Gläserne Manufaktur von VW und das Deutsche Hygiene-Museum gehören ebenfalls zu diesem Areal.

Was ist wo?

Entlang der Elbe
Was Dresdens Lebensqualität ausmacht, lässt sich am besten flussaufwärts entlang der Elbe auf der Neustädter Seite erahnen. Die städtische Bebauung lichtet sich, ab **Loschwitz** (Karte J 4) bestimmen die Villen und Winzerhäuser am Elbhang das Bild, akzentuiert durch das **Blaue Wunder**, die Loschwitzer Brücke. Danach folgen die Elbdörfer und als krönender Schlusspunkt das **Pillnitzer Schloss** (Karte 3) mit seiner Wasser-Freitreppe und dem weitläufigen Park. Wer sich zu Fuß auf den alten Treidlerwegen am Ufer aufmacht, wird schnell erkennen: die urwüchsige Verbundenheit zwischen Natur- und Stadtraum ist Dresdens eigentliche Sehenswürdigkeit.

Historische Stadtviertel
Dresden wurde im Zweiten Weltkrieg in Grund und Boden gebombt. Jedes einzelne historische Gebäude im Stadtzentrum wurde wieder aufgebaut. Das ist auch der Grund, warum nur wenige Schritte vom Zentrum entfernt die schmucklose, wohnraumorientierte Nachkriegsbebauung beginnt. Historische Viertel haben sich in einiger Entfernung davon erhalten: Die Gartenstadt **Hellerau** (Karte 5, B 1), das grüne Villenviertel **Blasewitz** (H/J 4/5) und die Würfelhäuser von **Striesen** (G/H 5/6) aus der Gründerzeit, die Fabrikanlagen aus der Jahrhundertwende im historischen Arbeiterviertel **Pieschen** (B/C 1) und die im 19. Jh. angelegten Kasernen der **Albertstadt** (F 1) mit dem angrenzenden Preußischen Viertel und seinen Offiziersvillen legen Zeugnis von Dresdens Vorkriegs-Schönheit ab.

Umgebung
Das **Schloss Moritzburg** (Karte 5, B 1), **Meißen** (Karte 5, A 1) mit seinem mittelalterlichen Stadtkern und die **Radebeuler Weinbergswege** (Karte 5, B 1) im Westen, die bizarren Felsformationen des **Elbsandsteingebirges** (Karte 5, D 2/3) im Osten – Dresden punktet auch mit seiner kulturell und landschaftlich abwechslungsreichen Umgebung. Nahe Ziele für Tagesausflüge gibt es genug.

11

Augenblicke

Hinterhof-Harmonie

So neu ist die Neustadt gar nicht. Vielmehr besteht der Charme des Gründerzeitviertels aus seiner alten Bausubstanz – kombiniert mit den vielen Ideen seiner Bewohner. Das Raskolnikoff etwa verdankt sein Dasein den jungen Künstlern, die in den 80er-Jahren das dem Abriss geweihte Haus übernahmen und einen Systemzusammenbruch später die Stühle für eine der ersten Szenekneipen zusammenlöteten.

Nicht geplatzt ...

... ist der Traum von einer wieder aufgebauten Frauenkirche. Von 1945 bis 1990 erzählte sie als Trümmerhaufen mit Fassadenresten von Dresdens großer Kriegswunde. Dann gelang dank weltweiter Spenden der Wiederaufbau – und mit der Frauenkirche verwandelte sich der ganze Neumarkt von einer Brache zu einem Platz.

Tagsüber ist sie blau

Oder besser blaugrau: Seit ihrem ersten blauen Anstrich nach der Erbauung um 1893 hat nie wieder jemand ›Loschwitzer Brücke‹ gesagt. Sie ist das Blaue Wunder geworden, auch wenn sie zu dieser blauen Stunde eher schwarz aussieht. Aus dem Villenvorort Blasewitz und der Sommerfrische Loschwitz hat die Brücke ein Stück Stadt gemacht. Und die Elbe? Bleibt gelassen – wenn nicht gerade ein Hochwasser ansteht.

Ihr Dresden-Kompass

15 Wege zum direkten Eintauchen in die Stadt

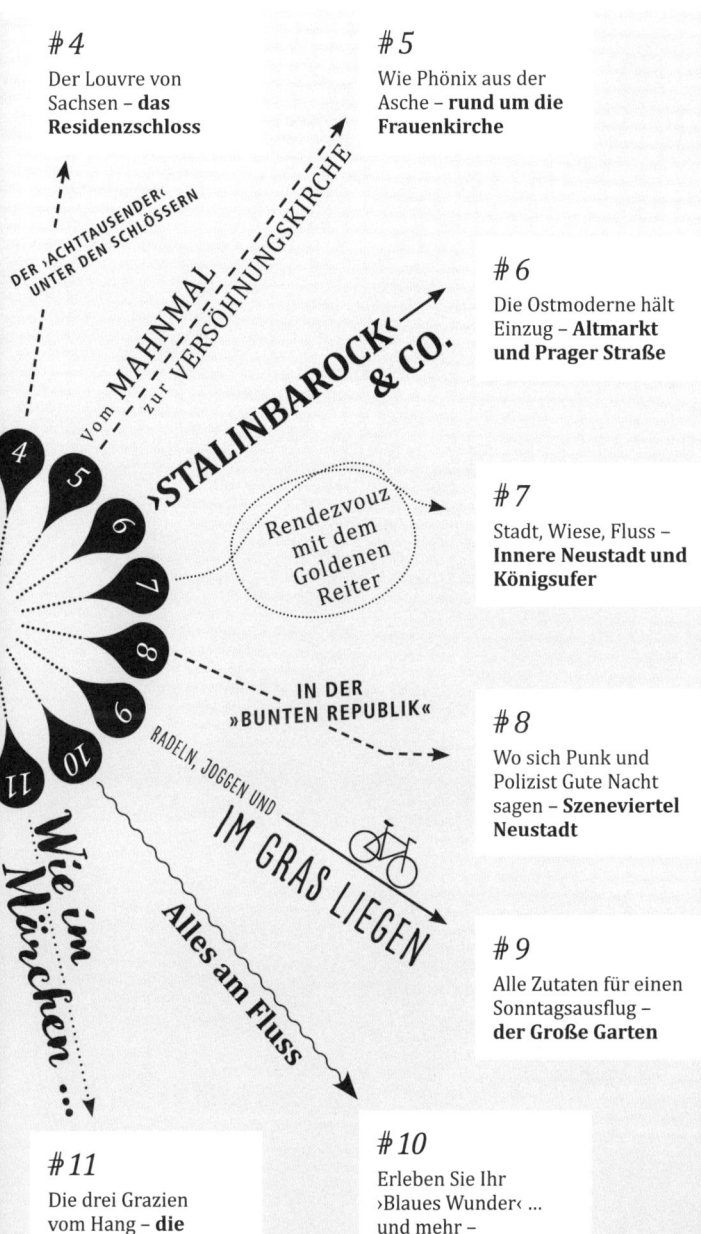

#4
Der Louvre von Sachsen – **das Residenzschloss**

#5
Wie Phönix aus der Asche – **rund um die Frauenkirche**

DER ›ACHTTAUSENDER‹ UNTER DEN SCHLÖSSERN

Vom MAHNMAL zur VERSÖHNUNGSKIRCHE

›STALINBAROCK‹ & CO.

#6
Die Ostmoderne hält Einzug – **Altmarkt und Prager Straße**

Rendezvouz mit dem Goldenen Reiter

#7
Stadt, Wiese, Fluss – **Innere Neustadt und Königsufer**

IN DER »BUNTEN REPUBLIK«

RADELN, JOGGEN UND IM GRAS LIEGEN

#8
Wo sich Punk und Polizist Gute Nacht sagen – **Szeneviertel Neustadt**

Wie im Märchen …

Alles am Fluss

#9
Alle Zutaten für einen Sonntagsausflug – **der Große Garten**

#11
Die drei Grazien vom Hang – **die Elbschlösser**

#10
Erleben Sie Ihr ›Blaues Wunder‹ … und mehr – **der Elberadweg**

Schaufenster Dresdens – **der Theaterplatz**

Zwinger, Sempergalerie, Semperoper, Hofkirche und Residenzschloss: Sie alle stehen in Blickweite rund um den Theaterplatz. Für einen schnellen Überblick ist er der ideale Ausgangspunkt. Der Platz selbst gibt sich majestätisch – mit König Johann, dem Dante-Übersetzer, im Zentrum. Und bis zu einem guten Kaffee ist es auch nicht weit.

Eine gelungene Komposition: Die Hofkirche, das Reiterstandbild von König Johann und die Semperoper am Theaterplatz spiegeln sich in der Luxusvariante eines wieder hergerichteten Trabis – alles schön auf Vordermann gebracht.

Der Theaterplatz ist – gemessen an den historischen Bauten, die ihn umgeben – stadtgeschichtlich relativ neu. Nachdem das Gelände nicht mehr zur Festungsanlage gehörte, sollte das Zwinger-Ensemble hier bis zur Elbe fortgeführt werden. Doch dieser Plan Augusts des Starken wurde nie verwirklicht. Erst 1837 übertrug König Friedrich August II. dem Architekten Johann Gottfried Semper die Gestaltung des heutigen Theaterplatzes samt Opernhaus und Gemäldegalerie. Anders als bei gewachsenen Stadtplätzen gibt es keine geschlossenen Häuserfronten, sondern eine Umrahmung mit Architektur-Solitären – und was für welchen! Angefangen beim Schloss im Renaissance-Stil über die barocke Hofkirche und den Klassizismus der Schinkelwache reicht das Spektrum bis zur Neo-Renaissance von Oper und Galerie.

Erbaut von einem ›Outlaw‹

Die **Semperoper** 1, Namensgeberin des Platzes (Theater!), ist durch ihre mächtige halbrunde Architektur auch das dominierende Gebäude. 1838–41 baute Semper das Königliche Hoftheater, in dem Richard Wagner die Hofkapelle (heute Staatskapelle) leitete, bis er 1849 wie Semper Dresden verlassen musste, weil sich beide am Dresdner Maiaufstand beteiligt hatten mit dem Ziel, den sächsischen König zu stürzen und eine Republik auszurufen. Nachdem die Oper allerdings schon 1869 abbrannte, baten die Dresdner Semper um ein neues Haus. Der neuen Opernfassade verlieh er eine Rustikalgliederung nach dem Vorbild der italienischen Palazzi des 15. Jh. Dennoch war Sempers Architektur revolutionär: Seinem Baukörper ist abzulesen, wo sich das Rundfoyer, die Treppenhäuser und die Bühne befinden – ein Vorläufer des ›form follows function‹ also.

Nach ihrer zweiten Zerstörung im Zweiten Weltkrieg entschied die DDR-Regierung, die sonst wenig zimperlich mit geschichtsträchtigen Ruinen umging, 1976 überraschend den Wiederaufbau der Oper. Original-Baupläne gab es nicht, Gewerke wie Marmorierer oder Stuckateur waren in der DDR-Planwirtschaft ausgestorben. Andererseits wurde 1974 der Studiengang Restaurierung an der Dresdner Kunsthochschule eingerichtet und die chronische Unterversorgung mit Baustoffen galt nicht für die Oper.

Gipfeltreffen großer Komponisten

1985 eröffnete der »Freischütz« von Carl-Maria von Weber das neue Haus. Versteckt zwischen Semperoper und Zwinger steht das **Denkmal des Komponisten** 2, geschaffen von Ernst Rietschel um 1860. Weber leitete die Hofkapelle von 1819 bis 1826 und steht in einer langen Reihe großer Namen, die Dresden musikalischen Weltruhm

Christopher Street Day vor der historischen Kulisse der Semperoper.

Sie gilt vielen als schönstes Opernhaus der Welt: die **Semperoper.** Stolz trägt sie den Namen ihres Erbauers. Wenige allerdings wissen, dass Semper ›nur‹ die Pläne zeichnete, die Bauarbeiten beaufsichtigte sein Sohn. Semper selbst hatte Dresden längst den Rücken gekehrt. Warum? Er und sein Freund Richard Wagner waren 1849 während des Maiaufstandes als überzeugte Republikaner für bürgerliche Grundrechte auf die Barrikaden gegangen. Semper musste fliehen – gegen ihn war als »Demokrat 1. Klasse« und »Hauprädelsführer« ein Haftbefehl erlassen worden. Der wurde 1863 zwar aufgehoben, aber Semper mied Dresden fortan.

bescherten: Heinrich Schütz baute im 16. Jh. die Hofkapelle auf und versorgte sie mit seinen Kompositionen. Mit ihr brachte Richard Wagner den »Fliegenden Holländer« und den »Tannhäuser« zur Uraufführung, Richard Strauss feierte seinen Durchbruch als Komponist des »Rosenkavaliers«, Robert Schuhmann betätigte sich als Chorleiter. Heute leitet Christian Thielemann die Sächsische Staatskapelle.

»Aus dem Italienischen von Philalethes«

Der Oper voraus reitet König Johann von Sachsen (1801–73) als **Reiterstandbild** 3, gefertigt um 1889 von Johannes Schilling, der auch die Panther-Quadriga der Oper schuf. Der Gewürdigte war ein gelehrter König: Unter dem Namen Philalethes übersetzte er Dantes »Göttliche Komödie«, er war ein Freund Carl Gustav Carus, Goethes und Ludwig Tiecks. Auf dem Sockel des Standbilds sind Verkehr, Industrie und Handel dargestellt – Bereiche, die unter dem beim Volk äußerst beliebten Johann einen regen Aufschwung nahmen.

Vom Stararchitekten des 19. Jh.

Die 1833 in Form eines griechischen Tempels erbaute **Schinkelwache** 4 ist eher ungewöhnlich für das barockverliebte Dresden. Der Entwurf der auch Altstädter Wache genannten Polizeiwache stammt von Karl Friedrich Schinkel, dessen strenger Klassizismus in Berlin stilbildend wurde.

Das hier seit den 1990er-Jahren untergebrachte **Café Schinkelwache** hat die Logenplätze am Theaterplatz und macht in schönster Weise mit der Dresdner Kaffeehaustradition vertraut.

Aufs Herz geschaut ...

Mit ihrem dampferähnlichen Kirchenschiff gibt die **Hofkirche** 5 (Kathedrale St. Trinitatis) Schlossplatz und Theaterplatz einen Rahmen. Seit August der Starke im Jahr 1697 im reformierten Sachsen zum Katholizismus übertrat, um als Bewerber für die polnische Krone in Frage zu kommen, blieben die sächsischen Kurfürsten beim katholischen Glauben. Die katholisch geweihte Hofkirche errichtete der Italiener Gaetano Chiaveri 1755 im römischen Barock auch als Antwort auf die protestantische Frauenkirche, die George

---

▶ **LESESTOFF**

Die Wachablösungen müssen ähnlich spektakulär gewesen sein wie heute die vorm Buckingham-Palace. Wie es in Schloss und Wache im frühen 20. Jh. zuging, beschreibt Arnold Vieth von Golßenau alias Ludwig Renn sehr lebendig in seiner Autobiografie **Adel im Untergang** (1944).

Theaterplatz #1

INFOS/ÖFFNUNGSZEITEN
Semperoper-Besucherservice in der Schinkelwache 4: Theaterplatz 2, www.semperoper.de, T 0351 491 17 05, Mo–Fr 10–18, Sa 10–17, Jan.–März 10–13, So, Fei 10–13 Uhr
Hofkirche 5: Schloßstr. 24, Mo–Do 9–17, Fr 13–17, Sa 10–17, So 12–16 Uhr, Termine für Führungen unter T 0351 484 47 12, www.kathedrale-dresden.de

DRESDNER KAFFEEHAUSTRADITION
Café Schinkelwache 4: Am Theaterplatz 2, T 0351 490 39 09, www.schinkelwache-dresden.de, tgl. 10–24 Uhr, Gerichte 10–18 €, wechselnde Tagesangebote 10–14 €

KULINARISCHES FÜR ZWISCHENDURCH
Chiaveri 1: Bernhard-von-Lindenau-Platz 1, T 0351 496 03 99, www.chiaveri.de, Mo–Sa, Fei 11–23 Uhr, Gerichte ab 12 €, abends Bar
Kuppelrestaurant 2: Weißeritzstr. 3, T 0351 490 59 90, www.kuppelrestaurant.de, tgl. 12–23 Uhr, Gerichte ab 9,50 €, sächsische und internationale Küche

Cityplan: Karte 2, D 4 | **Tram** 4, 8, 9: Theaterplatz

Bähr für den Geschmack des Dresdner Hofes 1743 mit zu viel bürgerlichem Selbstbewusstsein fertigstellte.

Die 78 Heiligenskulpturen auf der Balustrade und in den Nischen fertigte Lorenzo Mattielli, der vorher am Wiener Hof arbeitete. Im Inneren liegt die **Wettiner-Gruft,** in der auch das Herz Augusts des Starken beigesetzt ist. Seine Gebeine liegen in Krakau. Weitere Besonderheiten der Hofkirche sind das Altarbild mit der Himmelfahrt Christi von Anton Raphael Mengs, die Kanzel von Balthasar Permoser und die Orgel des großen sächsischen Orgelbauers Johann Gottfried Silbermann.

> **UM DIE ECKE**

Einen Panoramablick auf die Stadtsilhouette bietet das italienische Restaurant **Chiaveri** 1 im Sächsischen Landtag, den Barthold und Tiede 1928–31 neusachlich bauten. Den gläsernen Plenarsaal ergänzte Peter Kulka 1994

Die gut 10 Min. entfernte moscheeartige Yenidze war einst eine Tabakfabrik. Heute residiert hier in luftiger Höhe das **Kuppelrestaurant** 2 mit Terrasse.

Die Form der 20 m hohen spitzbogigen Kuppel der Yenidze soll den Kalifengrabmälern in Kairo entsprechen. Besuchen können Sie die nachts von innen angestrahlte Kuppel im Rahmen der Veranstaltungsreihe »Märchen in der Kuppel« mit Märchenlesungen und Konzerten (www.1001maerchen.de).

2

Barocke Übersprungshandlung – **der Dresdner Zwinger**

Der Zwinger ist eines der gelungensten Barockensembles Europas – und eines der ungewöhnlichsten. Ursprünglich sollte er nur Orangenbäume beherbergen und einen prachtvollen Rahmen für Feste abgeben. Doch schon unter August dem Starken zog 1723 das Königliche Cabinet der mathematischen und physikalischen Instrumente ein – und für seine Porzellansammlung gibt es keinen besseren Ort.

Als 17-Jähriger startete Friedrich August, der spätere Kurfürst, seine zweijährige ›Kavalierstour‹ durch Westeuropa und war vom Prunk am Hof Ludwigs XIV. tief beeindruckt. Nach dem frühen Tod seines Bruders 1694 bestieg August den Thron und erschuf ein zweites Versailles (hier Blick auf den Zwinger).

Zwinger – das bezeichnet sonst eher klamme, gestalterisch wenig einfallsreiche Festungsmauern. Und hier: Fassadenschwünge, dralle Putten, grinsende Hermen, gesprengte Giebel und gekröpfte Gesimse, Durchgänge und Durchblicke, Wasserspiele und Bogengalerien – was hat das mit einer Festungsanlage zu tun? Nur der Name des **Wallpavillons** 1 erinnert daran, dass im Jahr 1710 auf dem Wall der alten

Dresdner Zwinger #2

Festungsanlage vor der Stadt mit den Bauarbeiten begonnen wurde.

Kunstsinniger Kurfürst

Bauherr war der sächsische Kurfürst und polnische König August der Starke. Seine Vorliebe für alles Asiatische machte ihn auch für Orangen- und Zitronenbäumchen empfänglich. Als geeigneten Ort für die Orangerie seiner über 1000 Stämmchen bestimmte er die unbebaute Fläche zwischen Stadtwall und Festungswall – den Zwinger eben. Diesen hatte er bereits 1709 anlässlich des Besuches des dänischen Königs als Festplatz genutzt.

Dresdner Zwinger

Mit seinem Landbaumeister Matthäus Daniel Pöppelmann (1662–1736) und seinem Hofbildhauer Balthasar Permoser (1651–1732) konnte August der Starke auf zwei geniale Gestaltungskünstler zurückgreifen. Pöppelmann schickte er auf Bildungsreise nach Wien, Rom und Neapel. Permoser lernte die Bildhauerei in Salzburg, arbeitete in Wien und viele Jahre in Italien, bevor ihn der Kurfürst an den sächsischen Hof holte. 1710 begannen sie, mit dem Sandstein der Sächsischen Schweiz den **Mathematisch-Physikalischen Salon** 2 zu erbauen, setzten nördlich den **Französischen Pavillon** 3 dazu und verbanden beide mit geschwungenen **Bogengalerien** 4. Mittig prunkte bald der Wallpavillon. Auf ihm trägt Permosers Herkules die Weltkugel, und sicher sah sich August in der Figur angemessen verkörpert. Schließlich steht Herkules auf dem sächsisch-polnischen Wappen mit den Insignien A. R. – Augustus Rex. Polnischer König war August übrigens seit 1697.

Repräsentativer Barock versus verspielter Rokoko

Einen Generalplan für den Zwinger gab es nicht, das Baugeschehen folgte den Notwendigkeiten und finanziellen Mitteln des Kurfürsten. 1714 trieb er den Bau der **Langgalerie** 5 auf der alten Festungsmauer im Süden voran, um dort seine Sammlungen unterzubringen. Pöppelmann verstand es, die Eindrücke seiner Europatour in eine ganz eigene Form zu gießen: Für das **Kronentor** 6 in der Mitte verband Pöppelmann die Repräsentationswut des Hochbarock mit der Verspieltheit des aufkommenden Rokoko.

Unter August dem Starken hatten mehr als tausend **Orangenbäume** ihren Platz im Zwinger in einer der schönsten Orangerien Deutschlands. 1880 verschwand das letzte Bäumchen – doch nun kehren die Orangen zurück. Am 19. Mai 2017 werden die ersten 80 Orangenbäume im Zwingerhof aufgestellt. Noch können Sie **Baumpate** werden – für schlappe 550 € jährlich und mindestens fünf Jahre. Schlösser-Chef Christian Striefler freut sich: »Die Spender tragen zur Wiederbelebung des Zwingers bei und verstärken zudem den Charakter Dresdens als Elbflorenz.« Ob August sich wohl auch für die Bäume stark gemacht hätte?

#2

670 Skulpturen zählt der Zwinger. Seit Kurzem strahlen diese heller als sonst. Warum das so ist? Sie wurden in den letzten vier Jahren aufwändig gereinigt und zum Schutz mit einer Silikonharz-Lasur versehen – zwischenzeitlich schon mehr als 500.

Intimes Freiluftgemach

Permoser vervollkommnete die architektonische Vorlage derart organisch mit seinen Sandsteinskulpturen, dass eins ohne das andere nicht denkbar ist. Seine größte Meisterleistung ist das **Nymphenbad** 7 zwischen Wall- und Französischem Pavillon, zugänglich über die Balustrade auf den Dächern. Es beherbergt steinerne Meeresgötter und Delphine, die Wasser in den rauschenden Strom speien, während sich anmutige Nymphen in muschelbekrönten Nischen räkeln.

Der Unvollendete

Für die Hochzeitsfeier von Augusts Sohn, Kronprinz Friedrich August III., mit der österreichischen Kaisertochter Maria Josepha wurde der Zwinger 1719 erneut erweitert: Die Westseite bekam eine spiegelbildliche Entsprechung im Osten. Wall- und den neu entstandenen **Glockenspielpavillon** 8 trennen 204 m. Die Bogengalerien rechts und links dienen heute als Ausstellungsräume der **Porzellansammlung** 9. Geplant war, Galerien und Höfe bis an die Elbe fortzusetzen. Doch August der Starke verzettelte sich: Ab 1726 ließ er das Japanische Palais für seine Porzellansammlung ausbauen, und der Zwinger, planungsoffen zur Elbseite, erhielt für über ein Jahrhundert eine provisorische Holzwand.

Süchtig nach dem ›weißen Gold‹

Die kostbare Innenausstattung können Sie bei einem Besuch der Ausstellungen bewundern, die in Galerien und Pavillons untergebracht sind. Was August der Starke mit »Maladie de Porcelaine« gemeint haben könnte, vermittelt die Porzellansammlung eindrucksvoll. Mit ihren ausgesucht schönen Teilen aus China, Japan und ab 1710 auch aus eigener Produktion ist sie die größte und qualitätvollste

Haben Sie Lust auf eine unkonventionelle Einkehr mit Aussicht? Willkommen: Neben dem Kassenbereich der Porzellansammlung im Obergeschoss des Glockenspielpavillons gibt es auch eine italienische **Kaffee- und Kuchenausgabe**. Gratis dazu wird der Blick auf die Balustraden, das Schloss und die Sophienstraße ›serviert‹. Machen Sie es sich gemütlich – im Sommer erwartet Sie hier gar der schönste Freisitz!

Dresdner Zwinger #2

Europas. Seit der New Yorker Designer Peter Marino 2010 die Wandfelder abwechselnd mit geprägtem Leder, korallenfarbener Seide oder tief glänzendem Lack verkleidete, spiegelt sich die barocke Opulenz auch in der Ausstellungsgestaltung wider.

Sächsisches Greenwich

Im Mathematisch-Physikalischen Salon sind technisch und formal höchst anspruchsvolle Geräte aus Bergbau, Schifffahrt, Zeit- und Landvermessung zu entdecken: astronomische Uhren, Entfernungsmesser, wunderbare Globen, seit 1560 von den sächsischen Kurfürsten gesammelt. Mit den riesigen blankpolierten Brennspiegeln von Ehrenfried Walther von Tschirnhaus gelang es, die hohen Temperaturen für den Porzellanbrand zu erreichen. Sächsische Landesgeschichte steckt auch in den Taschen- und Armbanduhren: Seit Ferdinand Adolph Lange 1845 die erste Uhrenmanufaktur im nahen Glashütte gründete, gehört das Städtchen zu den großen Namen im Bereich mechanischer Uhren.

August der Starke hatte reges Interesse daran, selbst Porzellan fertigen zu lassen, das er sonst nur teuer aus China oder Japan beziehen konnte. Auf sein Engagement geht die Porzellan-Manufaktur in Meißen zurück.

INFOS/ÖFFNUNGSZEITEN

Zwinger (Innenhof): Sophienstraße, www.der-dresdner-zwinger.de, April–Nov. tgl. 6–23, Dez.–März tgl. 6–20 Uhr
Mathematisch-Physikalischer Salon 2, **Porzellansammlung** 9: www.skd.museum, Di–So 10–18 Uhr, 6 €/4,50 €, mit Gemäldegalerie 10 €

›SCHAUSPIEL-KANTINE‹

Im Schauspielhaus des Sächsischen Staatsschauspiels betreibt Stefan Hermann das **Restaurant William** 1 mit hohen Decken und plüschiger Atmosphäre (Theaterstr. 2, T 0351 65 29 82 20, www.restaurant-william.de, Di–Sa 12–22, So, Fei 11–22 Uhr, Gerichte ab 18 €).

WOCHENENDEN VOLLER MUSIK

Im Französischen Pavillon gibt das **Dresdner Residenz Orchester** klassische Konzerte (www.concerts-dresden.com, meist Fr–So).

STILLES ÖRTCHEN

Öffentliche Toiletten (mit benachbartem Bistro) sind an der Ostra-Allee am Zwingerteich zu finden; übrigens die einzigen in der Nähe des Zwingers.

Cityplan: Karte 2, D 4 | **Tram** 4, 8, 9, 11, 12: Postplatz, Theaterplatz

#3

Wo die Engel wohnen – die Gemäldegalerie Alte Meister

»Meine Bewunderung überstieg jeden Begriff!« ließ Johann Wolfgang von Goethe nach dem Besuch der Dresdner Gemäldegalerie verlauten. Sein Erstaunen war gerechtfertigt, blickte er doch auf Raffaels »Sixtinische Madonna«, Corregios »Heilige Nacht«, Vermeers »Briefleserin« und Bellottos Dresdner Stadtansichten – um nur ein paar der Highlights zu nennen.

Die »Sixtinische Madonna« ausgelagert? Nein, es handelt sich hier lediglich um ein Plakat von Raffaels Meisterwerk am Bauzaun der Gemäldegalerie. Bis Anfang 2018 sollen die Bauarbeiten abgeschlossen sein, die nach jetziger Schätzung ein Gesamtvolumen von 47 Mio. Euro haben.

Im Jahr 1847 erhielt Gottfried Semper den Auftrag zur Gestaltung des Theaterplatzes – dazu gehörte auch der Bau einer **Gemäldegalerie** 10. Denn der als Galerie genutzte Stallhof (das heutige Johanneum), in dem Goethe die Meisterwerke in drei Reihen gehängt und dicht gedrängt bewundert hatte, war an seine Kapazitätsgrenze gelangt.

Eine Poesie in Sandstein

Mit der Gemäldegalerie gab Semper dem Zwinger 1854 einen Abschluss. Er entwickelte zwei Fassaden auf je 116 m Länge: Die strenge Rustika-Gliederung der Hochrenaissance für den Theaterplatz und eine aufgelockerte Variante mit Terrasse für den Zwingerhof. Der Mittelrisalit korrespondiert mit dem Krontor, die Pilaster zwischen den Fenstern entsprechen denen der Langgalerie. Der Figurenschmuck – auf Theaterplatz-Seite aus der Antike entlehnt, auf Zwinger-Seite dem abendländischen Kulturkreis – stammt von den Dresdner Bildhauern Ernst Rietschel und Ernst Julius Hähnel.

Des einen Freud, des anderen Leid

Es ist vor allem Friedrich August II., dem Sohn Augusts des Starken, zu verdanken, dass die »Sixtinische Madonna« von Raffael in Dresden ein Hauptwerk unter vielen ist. Seine Vorliebe für bildende Kunst ging mit großer Geschmackssicherheit einher, geformt auf einer Bildungsreise durch die Höfe Italiens und Frankreichs. Der größte Coup gelang ihm, als er 1745 die Kunstsammlung des Herzogs von Modena für den sächsischen Hof sichern konnte. Mit einem Schlag erwarb er damit über 100 Hauptwerke der italienischen Renaissance von Correggio, Veronese, Garofalo und Andrea del Sarto, den Barockkünstlern Annibale Carracci und Guido Reni.

Holbein d. J., Rubens, Vermeer, Veronese: Was bis heute den Ruhm der Gemäldegalerie Alte Meister ausmacht, stammt zum größten Teil aus Friedrich Augusts Ankäufen zwischen 1730 und 1740, bevor der Siebenjährige Krieg Sachsens Reichtum dezimierte. Ein neuer Schub spanischer, italienischer und niederländischer Meister kam im 19. Jh. durch die 1837 gegründete Galeriekommission dazu, die auch den Bau der Gemäldegalerie initiierte.

›Kriegs-Kunst‹ im Kalksteinwerk

Als Dresdens Gemäldegalerie 1945 ausbrannte, überlebten die ausgelagerten Gemälde in den Kalk- und Sandsteinbrüchen der Sächsischen Schweiz. Von dort verbrachte sie die Trophäenkommission der sowjetischen Truppen nach Moskau und Kiew. 1955 gab die Sowjetunion sie in

ÜBRIGENS

Work in Progress: Seit 2013 wird die Gemäldegalerie renoviert, modernisiert und auf zeitgemäße Barrierefreiheit hin ausgebaut. Der Ostflügel birgt die **Interims-Ausstellung.** Statt der Säle für italienische, französische, holländische und flämische Gemälde hängen nun Altarbilder oder Porträts beieinander. Bis 2018 die Skulpturensammlung einzieht, bietet die Osthalle im Erdgeschoss eine konzentrierte Schau des 15. und 16. Jh.

#3

Die Restaurierungsklasse der Hochschule für Bildende Künste begnügte sich anlässlich einer Ausstellung in der Gemäldegalerie Alter Meister nicht mit ›Vermeer-Gucken‹, sondern schuf einen begehbaren Nachbau des Gemäldes »Brieflesendes Mädchen am offenen Fenster«. Gut, wenn man angehende Bühnen-, Kostüm- und Maskenbildner im Nachbaratelier hat.

Schauen Sie sich doch einfach schon zu Hause an, was Sie erwartet! Einen Vorgeschmack auf die Gemäldegalerie und viele andere Ausstellungen der Staatlichen Kunstsammlungen Dresden geben **Panorama-Rundgänge im Internet** – auch geeignet als Entscheidungshilfe für den Besuch. Eine Vertiefung zu den einzelnen Gemälden und Objekten bietet die SKD Online Collection. Beides finden Sie unter der Rubrik »Museum erleben« bei www.skd.museum.

einem großen Staatsakt zurück, 1960 konnten sie in das wieder aufgebaute Gebäude ziehen.

»Platz für den großen Raffael!«

… soll Friedrich August II. gesagt haben, als er 1754 endlich die »Sixtinische Madonna« am sächsischen Hof empfangen konnte. Ihr Ankauf für den Gegenwert eines kleineren Schlosses zeigt, dass der Kunsthandel des 18. Jh. gar nicht so anders funktionierte als heute. Zwei Jahre ließ der Sohn August des Starken, mittlerweile selbst sächsischer Kurfürst und König von Polen, den Onkel seines Leibmedicus verhandeln, um seiner Sammlung endlich einen echten Raffael einverleiben zu können. Dieser Onkel hatte Verbindungen zu den Mönchen in Piacenza, deren Klosterkirche San Sisto Papst Julius II. das Bild 1512 gestiftet hatte. Als Altarbild schauten Maria und Jesus auf den gekreuzigten Jesus vor ihnen, auf den Papst Sixtus auch mit seiner Hand verweist – seine und die Reliquien der hl. Barbara verwahrte das Kloster. Bekannt jedoch wurde die Madonna erst in Dresden. Und die beiden Engel an der unteren Bildkante starteten eine ganz eigene Karriere.

Gemäldegalerie Alte Meister #3

Irrungen und Wirrungen

Ganz anders verlief die Karriere der Madonna des Basler Bürgermeisters Jakob Meyer zum Hasen, kurz: der »Bürgermeister-Madonna«. Angekauft als Werk Hans Holbein d. J., ebenfalls von Friedrich August II, ebenfalls für viel Geld.

Getragen vom Nationalstolz des 19. Jh. avancierte das Gemälde zum Paradestück der neu gebauten Sempergalerie. Als deutscher Höhepunkt der Renaissancemalerei bekam sie ihren Platz gegenüber der »Sixtinischen Madonna«. Im Jahre 1822 tauchte ein zweites, fast identisches Bild im Kunsthandel auf, das Prinz Wilhelm von Preußen kaufte. Eine Ausstellung beider Gemälde und anderer Holbein-Meisterwerke offenbarte, dass das Dresdner Exemplar nach Malweise und Farbe kein Original sein konnte. Wie sich herausstellte, stammte es von Bartholomäus Sarburg, der im 17. Jh. einige Holbein-Gemälde kopierte. Das Holbeinsche Original von 1526 hängt heute in der Johanniterkirche in Schwäbisch Hall.

Dafür wurde der »Sieur de Morette«, ein Porträt, das tatsächlich von Hans Holbein d. J. stammt, als Werk Leonardo da Vincis angekauft. Den linken Flügel von Lucas Cranachs Katharinenaltar ließ Kurfürst Friedrich August III. als Werk eines unbekannten Malers versteigern. Später hieß es, die hl. Barbara auf dem Altarbild stamme von Hans Baldung Grin. In den 1990er-Jahren kaufte die Gemäldegalerie die Tafel als echten Cranach wieder auf.

Zwei Lausbuben machen Karriere: Die beiden Putten am unteren Bildrand der »Sixtinischen Madonna« sind heute bekannter als das Werk Raffaels in seiner Gesamtheit. Anfang des 19. Jh. lief die Vermarktungsmaschinerie an, die Engel wurden erstmals einzeln herauskopiert. Heute sind sie millionenfach auf Postern und Plakaten zu finden.

INFOS/ÖFFNUNGSZEITEN
Gemäldegalerie Alte Meister 10
(▶ Karte S. 27): Theaterplatz 1, T 0351 49 14 20 00, www.skd.museum.de, Di–Do 10–18 Uhr; 10/7,50 € (inkl. Porzellansammlung, Mathematisch-Physikalischer Salon), bis 17 Jahre frei

STILVOLL UND KREATIV SPEISEN
Zwischen Galerie und Zwingerteich serviert das **Café-Restaurant Alte Meister** 2 leichte, elegante Küche im ehemaligen Atelier der Zwinger-Bildhauer und auf der Terrasse (Theaterplatz 1a, T 0351 481 04 26, www.altemeister.net, tgl. ab 11 Uhr, Hauptgerichte 12–24 €).

FAST WIE DAS ORIGINAL …
Postkarten zu fast allen Gemälden gibt es in der **Buchhandlung Walther König** im Untergeschoss der Gemäldegalerie (Theaterplatz 1, T 0351 486 17 29, www.buchhandlung-walter-koenig.de, Di–So 10–18 Uhr).

Karte S. 27, Cityplan: Karte 2, D 4 | **Tram** 4, 8, 9: Theaterplatz

#4

Der Louvre von Sachsen – **das Residenzschloss**

Einst als befestigte Burg erbaut, ist das Residenzschloss seit seinem Wiederaufbau Pilgerstätte für Besucher aus aller Welt. Es bildet den angemessenen Rahmen für die Dresdner Kunstschätze – 600 000 an der Zahl! Im Historischen Grünen Gewölbe werden die Preziosen übrigens wie vor 300 Jahren präsentiert: auf Schautischen, an Spiegelwänden – und ohne ▼ Sicherheitsglas.

Das Residenzschloss (im Bild ganz links) ist der Ursprungsort und das Zentrum der Dresdner Kunstsammlungen. Nach vielen Baustellen-Jahren steht das Projekt »Residenz der Kunst und Wissenschaft« kurz vor der Vollendung. Schon jetzt ist Deutschland um einen bedeutenden Museumskomplex reicher.

Der **Hausmannsturm** [1] mit Mauerresten aus dem 11. Jh. dürfte das älteste Gebäude in Dresden sein. Ursprünglich krönte er die Vierflügelanlage einer kleinen Burg und diente dazu, die strategisch wichtige Elbquerung zu überwachen. Nachdem Herzog Albrecht der Beherzte im Jahr 1464 Dresden statt Meißen zu seiner Residenzstadt erkor, ließ er die

Burg zum Renaissance-Schloss ausbauen – das allerdings nie seinen burgähnlichen, geschlossenen Charakter verlor. Heute ist der **Große Schlosshof** 2 nach den Vorlagen des 15. und 16. Jh. rekonstruiert. Die Fassaden zieren charakteristische Sgraffiti-Malereien aus der Mitte des 16. Jh., die ursprünglich Moritz von Sachsen anbringen ließ.

Den **Georgenbau** 3 auf dem früheren Stadttor an der Elbbrücke ließ Georg der Bärtige (1471–1539), der Sohn Albrechts, 1531 anlegen. Sein Reiterstandbild ist oben an der Fassade verewigt.

»Der Achttausender unter den Schlössern«

Die ausgebrannte Ruine des Residenzschlosses bestimmte bis in die 1980er-Jahre das Bild zwischen Theaterplatz und Johanneum. Zwar hatten die Dresdner Denkmalpfleger sofort nach der Zerstörung begonnen, die Ruine zu sichern und Sandsteinreliefs zu bergen, aber über eine Notbedachung hinaus war kein Gedanke an Wiederaufbau. Die DDR-Regierung in den 1950er- und 1960er-Jahren war eher an radikalen (Abriss-)Lösungen interessiert. Doch die Denkmalpfleger blieben am Ball: Mit bauphysikalischer Schützenhilfe der TU Dresden und dem Rückenwind der 600 000 zurückgegebenen Sammlungsstücke durch die Sowjets entwickelten sie ab 1955 ein Konzept für das Schloss als Ausstellungsgebäude. Viele Dresdner beschäftigten sich derweil ehrenamtlich mit Ruinenpflege: Entfernten wuchernde Pflanzen, teerten die Notdächer neu, räumten den Schutt weg.

Und tatsächlich: 1985 verkündete Erich Honecker, dass das Schloss bis 1990 wieder aufgebaut werden sollte. Zwar war bis dahin nur der Westflügel saniert, in dem sich heute neben dem Historischen Grünen Gewölbe auch das Neue Grüne Gewölbe befindet. Doch als die Wende die Karten neu mischte, war es um das Schloss gut bestellt: Es gab ein Konzept und außerdem Experten und spezialisierte Handwerker, die sich um den Wiederaufbau kümmerten. Zudem sah der frisch gegründete Freistaat Sachsen im Wiederaufbau des Schlosses ein Bekenntnis zur Landesgeschichte.

Auferstanden aus Ruinen ...

Da ist zum Beispiel die **Schlosskapelle** 4. Nach Torgau war sie der zweite protestantische Kirchen-

Ein modernes Dach auf dem historischen Kleinen Schlosshof? Es war die geniale Lösung für ein gravierendes Problem: Für das hohe Besucheraufkommen fand sich kein Foyerraum im Schloss. Dafür aber ein ganzer Schlosshof. Voilà!

#4 Residenzschloss

Das Residenzschloss bietet auch Platz für Temporäres: So zog 2015 vorübergehend die Papiernachbildung von Chinas teuerstem Auto, des Hongqi, als Teil der Ausstellung »Supermarket of the dead« in den Schlosshof ein.

»Das Schloss gehörte einst zu den prächtigsten Bauten der Renaissance in Deutschland. Und wir errichten es wieder. Das ist der **Achttausender unter den Schlössern.**« Diese Worte stammen von Ludwig Coulin vom Staatsbetrieb Sächsisches Immobilien- und Baumanagement (SIB), der u. a. den Wiederaufbau des Residenzschlosses verantwortet. Nach der Fertigstellung der Bauarbeiten sieht es Coulin in einer Reihe mit London, Paris oder Madrid. Die Wiederherstellung kostet schätzungsweise knapp 400 Mio. Euro.

bau überhaupt, weil die sächsischen Kurfürsten sich bereits 1536 zur Reformation bekannten. Allerdings konvertierte August der Starke aus Karrieregründen 1697 wieder zum Katholizismus, die Kapelle wurde 1737 abgerissen – und 2013 wieder eröffnet. Mit einem Schlingrippengewölbe, von dem einzig zwei Rippenfragmente überliefert waren.

Auch von der **Englischen Treppe** 5, die Kurfürst Johann Georg IV. 1692 zum Empfang des englischen Gesandten anlegen ließ, existierten nur Fotos und die Stuckfragmente im eingestürzten Treppenhaus. Heute führt sie zu allen Ausstellungen des Schlosses. Die Frage des Besucherempfangs wurde durch die Überdachung des **Kleinen Schlosshofes** 6 gelöst.

Ganz und gar kein Kostverächter ...

Das **Historische Grünen Gewölbe** 7 befindet sich in den Räumen, in denen die sächsischen Kurfürsten bereits im 16. Jh. ihre Gold- und Silbervorräte, Schmuck und Juwelen lagerten. Sie boten den besten Schutz vor Brand und Diebstahl, wie der heutige Preziosensaal beweist, dessen Stuckdecke als einzige im ganzen Schloss nach 1945 erhalten blieb. Wieder war es August der Starke, der mehr aus dieser Schatzkammer mit den grün gestrichenen Decken machte. Ein Grundriss von 1727 zeigt, was er sich vorstellte: Bernsteinkabinett, Elfenbeinzimmer, Weißsilberzimmer, silbervergoldetes Zimmer, Preziosensaal. Pöppelmann und Longuelune legten Marmorböden, Intarsien- und Spiegelwände an; Permoser, Kircher und Kaendler schufen den Zierrat. Die Räume sind getreu ihrer historischen Ausstattung wiedererstanden.

Im **Neuen Grüne Gewölbe** im ersten Stock des Westflügels erlaubt dafür eine moderne Ausstellungskonzeption die optimale Annäherung an Kostbarkeiten wie den großen grünen Diamanten oder das »Goldene Kaffeezeug« von Johann Melchior Dinglinger. Der »Hofstaat zu Dehli«, den Dinglinger 1708 schuf und seinem König auf Ratenzahlung verkaufte, ist der Höhepunkt barocker Juwelierplastik.

Die Sammlungen? Allesamt Superlative

Im Zentrum des 2015 eröffneten **Münzkabinetts** 8 steht die sächsische Münzgeschichte. Das **Kupferstich-Kabinett** 9 ist eine der bedeutendsten

Residenzschloss #4

Grafiksammlungen der Welt. Unter den 515 000 Werken sind Dürer, Cranach, Holbein d. J., Rubens, Rembrandt, Michelangelo und Goya vertreten, zu sehen in wechselnden Sonderausstellungen oder im Studiensaal: Dorthin kann man sich die lichtempfindlichen Arbeiten auf Papier bringen lassen.

Die Rüstungen, Schwerter und aufgezäumten Pferde der sächsischen Kurfürsten zeigt die **Rüstkammer** 10 im tageslichthellen Riesensaal, in dem einst die Hofbälle stattfanden. Abgedunkelt dagegen die Räume der **Türckischen Cammer** 11, in der osmanische Prunkwaffen, -zelte und -sättel, hauptsächlich aus dem 17. Jh, mit wenigen Lichtspots aus der Dunkelheit geholt werden.

Die erst 2016 eröffnete Dauerausstellung **Weltsicht und Wissen um 1600** 12 zeigt Werke der Spätrenaissance aus der Dresdner Kunstkammer. Kurfürst August (1526–86) begründete diese Sammlung von Werkzeugen, Tischler- und Goldschmiedearbeiten – darunter Gartenhacken oder Hobel, die sich erstaunlicherweise kaum von heutigen Gerätschaften unterscheiden.

Weil nur 120 Besucher pro Stunde im **Historischen Grünen Gewölbe** zugelassen sind, gibt es **Zeittickets** an der Kasse oder im Vorverkauf (T 0351 49 14 20 00, Online-Verkauf: www.skd.museum).

INFOS/ÖFFNUNGSZEITEN
Alle Ausstellungen im Schloss:
Taschenberg 2, www.skd.museum, tgl. Mo, Mi–So 10–18 Uhr, 12/9 €, bis 17 Jahre frei; Historisches Grünes Gewölbe 12 €, Kombiticket 21 €

WO IST WAS?
Im Erdgeschoss des Südflügels steht ein **Schlossmodell,** mit dem man sich Klarheit über den verschachtelten Bau verschaffen kann.

EINFACH DER NASE NACH …
Gegenüber im **Café Taschenberg** 1 beim Cholerabrunnen (1845) gibt's die besten Sonnenplätze! Der Kaffee wird in der Dresdner Kaffee und Kakao Rösterei geröstet. Neben frisch gebackenem Kuchen wird die Spezialität des Hauses, ›Kalter Hund‹, serviert (Taschenberg 3, Ecke Sophienstraße/Kleine Brüdergasse, www.dresden-kaffee.de, tgl. 10–20 Uhr).

DEN ÜBERBLICK HABEN
Der **Hausmannsturm** 1 bietet eine phänomenale Sicht über Dresdens Altstadt (ohne Ausstellungsticket 5/4 €).

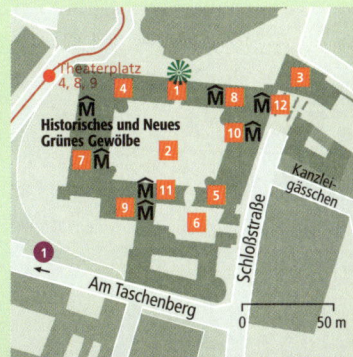

Cityplan: Karte 2, D 4 | **Tram** 4, 8, 9: Theaterplatz

#5

Wie Phönix aus der Asche – **rund um die Frauenkirche**

Finden Sie nicht auch: Die Frauenkirche steht so selbstverständlich auf dem Neumarkt, als stünde sie schon immer da? Stimmt ja auch, nur eben mit einer 50-jährigen Unterbrechung – genauso wie der Neumarkt um sie herum.

Selfie von hohem Symbolwert – ob den beiden wohl bewusst ist, dass die Frauenkirche Mahnmal und Zeichen der Versöhnung zugleich ist? Und dass kein anderes Bauwerk solch symbolhafte Bedeutung für Dresden besitzt? Wie wichtig den Dresdnern (und anderen ›Fans‹) ›ihre‹ Frauenkirche ist, zeigt diese Zahl: Sie stemmten knapp zwei Drittel der Baukosten.

Vom Oberlandbauamt erhielt der Ratszimmermeister George Bähr 1722 den Auftrag, statt der baufälligen Kirche Unserer Lieben Frau, deren Ursprünge bis ins 11. Jh. zurückreichten, ein repräsentatives Bauwerk zu errichten – auch als protestantische Antwort auf den Übertritt Augusts des Starken zum Katholizismus. Bähr projektierte einen Zentralbau, in dem der Altarraum nicht wie in katholischen Kirchen von der Gemeinde getrennt ist. Seine vom Petersdom in Rom inspirierte Kuppel mit 23,5 m Durchmesser musste er hart verteidigen: Das Bauamt fürchtete den Einsturz. Der folgte erst, als die Frauenkirche

Rund um die Frauenkirche #5

am 13. Februar 1945 ausbrannte. Die schwarzen Trümmer hinter dem **Martin-Luther-Denkmal** 1 mahnten lange Jahre gegen den Krieg.

Trommeln für den Wiederaufbau

Nach 1989 schien alles möglich – auch der Wiederaufbau der **Frauenkirche** 2. Bereits 1990 initiierte der Dresdner Musiker Ludwig Güttler mit dem »Ruf aus Dresden« eine Wiederaufbaukampagne, der rund 100 Mio. Euro Spenden zuflossen. Ab 1993 begannen Bauarbeiter, die Steine des Trümmerbergs für den Wiedereinbau zu sichern, zu erkennen an ihrer dunkleren Färbung. Die barocke Innenausmalung der Kirche folgt dem Original, der Altar ist sogar aus Originalteilen. Er zeigt den betenden Jesus im Garten Gethsemane.

Die Geschichte des vergoldeten Turmkreuzes zeigt, was die Frauenkirche zum Wahrzeichen der Versöhnung macht: Der britische Goldschmied Alan Smith, Sohn eines der britischen Piloten, die 1945 ihre Bomben auf Dresden fallen ließen, fertigte es mit Hilfe britischer Spenden.

Bei der Neubebauung des Neumarktes setzte sich die Gesellschaft Historischer Neumarkt vehement für die Beibehaltung der alten Gassenverläufe und die Rekonstruktion bestimmter barocker Bürgerhäuser ein. Dahinter verbirgt sich auch die Luxus-**Einkaufspassage QF** (Quartier an der Frauenkirche).

›Comicstrip‹ der Kurfürsten und Könige

Als August der Starke 1683 siegreich vom Kampf gegen die Türken heimkehrte, wurde aus der Friedensgöttin Irene des kleinen **Türkenbrunnens** 3 am Jüdenhof die Siegesgöttin Victoria. Die barocke Freitreppe des **Johanneums** 4 dahinter ist ein späterer Anbau an das Renaissance-Stallgebäude aus dem späten 16. Jh. 1745 setzte Oberlandbaumeister Johann Christoph Knöffel die obere Etage mit hohen Rundbogenfenstern für die Gemäldesammlung von Kurfürst Friedrich August II. auf. Heute nutzt das **Verkehrsmuseum** das Gebäude.

Den ursprünglichen Renaissance-Eindruck vermittelt der **Stallhof** 5 mit Pferdeschwemme und zwei bronzenen Ringstechsäulen für Turniere. Der begrenzende etwa 100 m **Lange Gang** 6

Demo gegen Pegida vor der Frauenkirche: »Dresden für alle«!

Der **13. Februar 1945**, der Tag der Bombardierung durch die Amerikaner und Engländer, ist für Dresden zu einem komplizierten Datum geworden. In den 1980er-Jahren nutzte die Friedensbewegung »Schwerter zu Pflugscharen« diesen Tag zum stillen Gedenken an der Frauenkirchen-Ruine und opponierte damit gegen den Staat. Nach der Wende nahmen Rechtsextremisten den Tag zum Anlass aufzumarschieren – anfangs mit wenig Gegenwind, seit 2008 blockiert von Antifa-Gruppen. Mittlerweile tritt ein Bündnis aus Stadt, Kirchen, Gewerkschaften, Parteien, Bürgerbewegungen und Wirtschaftsverbänden am 13. Februar für Frieden, Demokratie und Menschenrechte ein (13.februar.dresden.de).

#5 Rund um die Frauenkirche

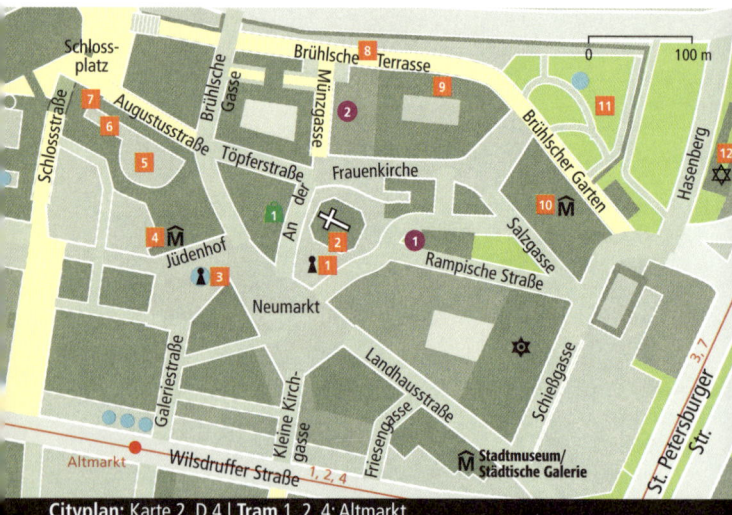

Cityplan: Karte 2, D 4 | **Tram** 1, 2, 4: Altmarkt

INFOS/ÖFFNUNGSZEITEN

Frauenkirche 2: Neumarkt, Mo–Fr 10–12, 13–18 Uhr
Kuppelaufstieg Eingang G: Nov.–Feb. Mo–Sa 10–16, So 12.30–16, März–Okt. bis 18 Uhr, Juli/Aug. Fr, Sa bis 19 Uhr, 8/5 €, Familienticket 20 €
Infos und Karten: Besucherzentrum, Georg-Treu-Platz 3, T 0351 656 061 00 www.frauenkirche-dresden.de, Mo–Fr 9–18, Sa 9–15 Uhr
Verkehrsmuseum 4: Augustusstr. 1, Di–So 10–18 Uhr, T 0351 864 40, www.verkehrsmuseum-dresden.de, 9/4 €, Familien 15 €, mit Kindertreff und Verkehrsgarten
Stallhof 5: Kanzleigässchen, tgl. 7–20 Uhr, T 0351 438 37 03-20, www.festung-dresden.de, außerhalb von Veranstaltungen kostenlos zugänglich
Galerie Neue Meister und Skulpturensammlung 10: im Albertinum, Brühlsche Terrassen, stufenloser Zugang über den Georg-Treu-Platz, www.skd.museum, Di–So 10–18 Uhr, beide Sammlungen 10/7,50 €, Audioguide frei
Neuen Synagoge 12: T 0351 656 07 20, www.freundeskreis-synagoge-dresden.de, Führungen So–Do

FÜR FEINSCHMECKER, STUDENTEN UND ANDERE

Gourmetanspruch hat das **Moritz** 1, das Restaurant im Hotel Suitess. Von der schön bepflanzten Dachterrasse des Restaurants in der 5. Etage haben Sie einen überraschend anderen Blick auf die Frauenkirche (An der Frauenkirche 13, T 0351 41 72 70, www.moritz-dresden.de, tgl. ab 17 Uhr, Menü ab 49 €, Mo–Fr 2-Gänge-Business-Lunch 15 €, kreative internationale Küche). Das Essen ist okay, der Preis sehr okay und die Umgebung malerisch: Die **Mensa Brühl** 2 der Kunsthochschule bietet Gerichte ab 3 € an (Brühlsche Terrasse 1, Eingang über die Münzgasse 12 oder über die Brühlsche Terrasse/ HfBK, www.studentenwerk-dresden.de, Mo–Fr 10.30–15 Uhr; 2 Hauptgerichte, eines davon vegetarisch; mit Zugang zum Innenhof).

CHILLEN

Am Ostende der **Brühlschen Terrasse** 8 laden unter hohen Bäumen die Bänke im **Brühlschen Garten** 11 zum Gesicht-in-die-Sonne-Halten ein.

Rund um die Frauenkirche #5

verband schon den Stallhof mit den königlichen Gemächern im Georgenbau. Seine Außenfassade ziert der **Fürstenzug** 7 der Wettinischen Herrscher von 1123 bis 1904, gefliest mit Meissener Porzellan.

»Balkon Europas«

Kurfürst Friedrich August II schenkte seinem engsten Berater Graf Heinrich von Brühl die 600 m lange alte Uferbastion 1739, die sog. **Brühlschen Terrassen** 8. Dieser errichtete eine Wohn-, Ausstellungs- und Parkanlage auf der Bastion. Im 19. Jh. wurden Brühls Bauten allerdings fast alle ersetzt, beispielsweise durch die neobarocke **Kunstakademie** 9 von 1894, an der Caspar David Friedrich, Johann Gottfried Semper, Otto Dix und Oskar Kokoschka lehrten.

Hochwasserschutz in luft'ger Höh

Das **Albertinum** 10, einst das Zeughaus der Dresdner Festung, wurde 1877 ebenfalls in Renaissance-Manier umgebaut und birgt neben der Galerie Neue Meister und der Skulpturensammlung das Zentraldepot der Kunstsammlungen mit 6000 Gemälden – nach dem Fiasko des Elbhochwassers 2002 nun hochwassersicher in 17 m Höhe über dem Innenhof untergebracht.

Auf der königlichen Antikensammlung basierend entstand das Museum für Skulpturen und Plastiken, kurz: **Skulpturensammlung,** aus über fünf Jahrtausenden: von den Herculanerinnen vom 4. Jh. v. Chr. bis zu Rodin, Degas und Lehmbruck. Die **Galerie Neue Meister** zeigt die Kunst des 19. bis 21. Jh. und beginnt mit Werken der Dresdner Romantiker um Caspar David Friedrich. Die Impressionisten sind mit Claude Monet, Edgar Degas und Max Liebermann vertreten, die Expressionisten mit Otto Dix, Max Beckmann und den Brücke-Künstlern. Gerhard Richter, der ebenfalls die Dresdner Kunsthochschule besuchte, darf einen ganzen Raum bespielen.

→ UM DIE ECKE

Das Architekturbüro Wandel, Hoefer und Lorch bekam für seine Idee, die Ost-Ausrichtung der **Neuen Synagoge** 12 mit verdrehten Kuben zu erreichen, 2001 den World Architecture Award.

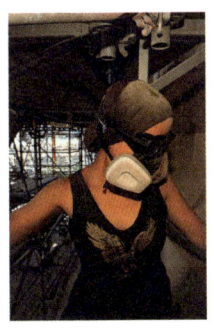

Eine Steinmetzin bei ihrer Arbeit auf einer Baustelle der Frauenkirche in Dresden.

Wie durch ein Wunder überstand der »Fürstenzug« die Bombenangriffe des Jahres 1945 unbeschadet. Nehmen Sie sich Zeit für diesen ganz **besonderen ›Comicstrip‹**: das mit 957 m² größte Porzellanbild der Welt mit der Ahnengalerie des Herrscherhauses Wettin. Auf einer Länge von 102 m und auf 24 600 fugenlos angebrachten Meissner Porzellankacheln sind bedeutende sächsische Markgrafen, Herzöge, Kurfürsten und Könige verewigt.

6

Die Ostmoderne hält Einzug – **Altmarkt und Prager Straße**

Zwischen Altmarkt und Hauptbahnhof bietet Dresden vor allem eins: jede Menge Geschäfte. Doch dass hier nicht nur die Shopping Queen glücklich wird, zeigt der zweite Blick: Hier ist auch ein Stück Nachkriegs-Baugeschichte zu besichtigen – aufwendiger ›Stalinbarock‹ am Altmarkt, strenge Moderne beim Kulturpalast und die futuristische 1970er-Jahre-Architektur des Rundkinos.

Nein, Sie sind nicht auf einer intergalaktischen Raumstation gelandet, sondern an der Prager Straße, die hier von dem vielkantigen dekonstruktivistischen Kristallpalast der UFA dominiert wird.

›Stalinbarock‹ wurde der Baustil der Häuser am Altmarkt und auf der Wilsdruffer Straße abfällig genannt, die nach dem Krieg als erste in der zerstörten Innenstadt entstanden. Dabei orientierten sich die DDR-Architekten in den 1950er-Jahren gar nicht so sehr an Moskau, sondern an der barocken Bautradition Dresdens. Die Fassa-

den sind aufwändig (und teuer!) mit Pilastern, Risaliten und gesprengten Giebeln gegliedert, ausgeführt in Sandstein – genau wie die einst das Stadtbild-bestimmenden historischen Gebäude, die zur Bauzeit des Altmarkts zumeist nur als Ruinen existierten. Die Innengestaltung der Geschäfte und Restaurants hingegen war schwungvoll, großzügig und erstaunlich modern – Teile davon sind noch im **Café Central** 1 oder im **Haus Altmarkt** 1 (jetzt Star Inn Hotel Premium) zu sehen.

Neubarockes Ärgernis

Dennoch machte es der Altmarkt den Dresdnern schwer, ihn zu mögen – entstand er doch mehr als doppelt so groß auf dem Gelände des alten, traditionsreichen Platzes, der seit dem 12. Jh. das bürgerliche Zentrum der Stadt gebildet hatte. Die tradierten Gassenverläufe und Straßenausrichtungen wurden ignoriert – einerseits, um einem zeitgemäßen Verkehrsaufkommen Rechnung zu tragen, andererseits, um Großaufmärschen den richtigen Rahmen zu geben.

Der unsensible Umgang mit dem alten städtischen Grundriss steckt den Dresdnern noch heute in den Gliedern und macht sie moderner Architektur gegenüber äußerst argwöhnisch. Dabei übersehen sie häufig, dass gerade die Nachkriegsmoderne in Dresdens Stadtzentrum von besonders hoher Qualität ist.

Zaudern beim Zuckerbäckerstil

Der **Kulturpalast** ✱ (Wiedereröffnung 2017) von 1966 war ein kleiner Sieg über den Willen des großen Bruders in Moskau: Eigentlich sollte an der Stelle eine Art Lomonossow-Universität emporragen – die Dresdner fürchteten sich vor dieser Architektur im stalinistischen Zuckerbäckerstil. Doch nach Stalins Tod 1953 setzte sich Wolfgang Hänsch mit seinem modernen Entwurf für eine Stadthalle durch, die er mit einem eleganten Foyer und einem Saal für Philharmonie und leichte Muse ausstattete. Vom einstigen sozialistischen Kulturbetrieb zeugen die Reliefs der Bronzetüren, die Dresdens Stadtgeschichte eng mit der Arbeiterbewegung verknüpfen, und das Wandbild »Weg der Roten Fahne« von Gerhard Bonzin an der Westfassade.

Sollten Sie in der Vorweihnachtszeit in Dresden weilen, besuchen Sie unbedingt eines der feierlichen Weihnachtsoratorien des **Kreuzchors,** der seit dem 14. Jh. zur gleichnamigen Kirche gehört und heute zu den weltweit berühmtesten Knabenchören zählt. Die etwas hinter dem Altmarkt versetzt gelegene **Kreuzkirche** 2 übrigens wurde 1215 geweiht und ist fest mit Dresdens Stadtwerdung verbunden. Vom Turm haben Sie aus 54 m Höhe einen grandiosen Blick auf das Stadtzentrum (www.kreuzkirche-dresden.de, www.kreuzchor.com).

An der **Kreuzstraße** und auf der **Weißen Gasse** gibt es jede Menge Cafés und Restaurants mit schattigen Terrassenplätzen – perfekt für eine Pause.

Das 30 x 20,5 m große Wandbild »Weg der Roten Fahne« ist ein in Dresden eher unbeliebtes Denkmal, das jedoch auch nach der Sanierung des Kulturpalastes erhalten bleiben soll.

Stadtplanerisches Ziel: Flanieren

In den 1960er-Jahren bekam ein Dresdner Architektenteam um Hans Konrad den Auftrag, die komplett zerstörte und geräumte Prager Straße neu zu projektieren – nach den Maßstäben des modernen Bauens. Die traditionelle Bauweise des Altmarktes hatte sich als zu teuer erwiesen. Die Architekten nahmen die 1953 entstandene Fußgängerzone Lijnbaan in Rotterdam als Vorbild, planten aber zur Belebung neben Läden und Kaufhäusern auch Hotels, Wohnungen und zahlreiche Einkehrmöglichkeiten ein. Die weitläufige, breite Meile dominierten Wasserspiele und Hochbeete, an denen sich Flaneure Sitzmöbel zurechtrücken konnten. Nachwende-Bauten wie **Karstadt** 🛈 und die **Centrum Galerie** 🛈 anstelle des DDR-Centrum-Warenhauses haben den weitläufigen Charakter eingeengt, und die Wasserbecken sind eine klägliche Reminiszenz an die einstige Großzügigkeit.

Einzig das **Rundkino** ✱ von Manfred Fasold und Winfried Sziegoleit blieb unverändert, rutschte aber durch das Geschäftshaus Wöhrl Plaza in die zweite Reihe. Dabei wählten die Architekten die runde Form 1970 mit Bedacht, um dem 100 m langen Wohnriegel **Prager Zeile** 3 (Petersburger Str. 26–32) und den **Hotelbauten** 4 etwas ohne Kanten gegenüberzustellen. Dafür irritiert nun der vielkantige **UFA-Kristallpalast** ✱ der Coop Himmelb(l)au, der 1998 neben dem Rundling gebaut wurde.

Dem Gott Mammon huldigen

Die Nachwende-Stadtentwicklung hat die Prager Straße vollständig dem Shopping-Primat untergeordnet. Kaum eine Handelskette zwischen H&M und Mango, Media Markt und Schuhhof, die fehlt.

Dresden und seine holländische Partnerstadt Rotterdam teilen dasselbe Schicksal: Ihre Innenstädte wurden im Zweiten Weltkrieg komplett zerstört. Nach dem Krieg sahen sich beide Städte mit gewaltigen (städtebaulichen) Anstrengungen konfrontiert. Bei der **Neugestaltung der Prager Straße** nahmen sich die Dresdner Architekten die Rotterdamer Lijnbaan zum Vorbild, eine der ersten verkehrsberuhigten Einkaufsstraßen.

Altmarkt und Prager Straße #6

Allein die Centrum Galerie beherbergt 120 Läden, Starbucks inklusive, dazu gesellen sich Karstadt und – hinter der Westseite des Altmarkts – die **Altmarkt-Galerie** 3 mit 180 Läden. Im **Hauptbahnhof** 5 folgt der nächste Schwung Geschäfte. Unter dem modernen Glasfasergewebe-Dach des Architekten Norman Foster steckt das historische Gebäude von 1892, das dem Vorbild des Pariser Gare du Nord folgt. Es löste den Böhmischen Bahnhof ab, der der Prager Straße ihren Namen gab.

→ UM DIE ECKE

Die ehrwürdige Konditorei **Café am Ring** 3 am Pirnaischen Platz wirkt ein bisschen kitschig, doch ihre Törtchen, Kuchen und das übrige Gebäck sind jeden Umweg wert. Spektakuläre Patisserie-Kreationen serviert Dirk Günther in seinem **Kuchenatelier** 4 im Gewandhaus.

Jedes Jahr ein Fest: die erste öffentliche Stollenverkostung im November in der Altmarkt-Galerie, einer von 17 (!) Qualitätsprüfungen des Traditionsgebäcks.

INFOS/ÖFFNUNGSZEITEN

Karstadt 1, **Centrum Galerie** 2: Mo–Sa 9.30–20 Uhr, **Altmarkt Galerie** 3: Mo–Sa 10–21 Uhr
Kulturpalast 1: Schloßstr. 2, kulturpalast-dresden.de
Rundkino 2: Prager Str. 6, T 0351 484 39 22, www.cineplex.de
UFA-Kristallpalast 3: St. Petersburger Str. 24, T 0351 482 58 25, www.ufa-dresden.de

KULINARISCHES FÜR ZWISCHENDURCH

Die schöne geschwungene Treppe des **Café Central** 1 stammt aus den 1950er-Jahren (Altmarkt 6, T 0351 497 61 24, www.central-dresden.de, Mo 9–21, Di–So 9–24 Uhr, Hauptgerichte 12–20 €, beliebtes mediterranes Brunchbüffet, Sa 12,90 €, So/Fei 15,90 €).
Das **Ladencafé aha** 2 ist eines der wenigen, das hier nicht zu einer Kette gehört. Die Zutaten der vegetarischen Speisen sind fair trade und bio, die Waren im Untergeschoss auch (Kreuzstr. 7, T 0351 496 06 73, www.ladencafe.de, tgl. 9–24 Uhr, Hauptgerichte 9–14 €).
Café am Ring 3: Ringstr. 7, T 0351 495 42 10, www.konditorei-am-ring.de, Mo–Fr 6–20, Sa 6.30–18, So 9–18 Uhr
Kuchenatelier 4: Ringstr. 1, T 0351 49 49 84 69, www.kuchenatelier.com, Do–So 13–18 Uhr

Cityplan: C/D 5/6 | Tram 1, 2, 4: Altmarkt

Stadt, Wiese, Fluss – **Innere Neustadt und Königsufer**

Barockviertel mit Elbwiesen-Anschluss … Wie hört sich das für Sie an, gut? Nach einem Besuch bei Dresdens genialstem Stadtplaner – August dem Starken, wem sonst –, geht es ans Ufer der Elbe. Der Goldene Reiter, Dresdens Wahrzeichen, galoppiert schon mal voran.

Spaß mit dem »Goldenen Reiter« – August dem Starken! Bei der Restaurierung wurde das Reiterdenkmal übrigens mit 187 g Blattgold überzogen.

Die **Augustusbrücke** 1 hält direkt auf ihn zu: Der **Goldene Reiter** 2 verkörpert Kurfürst Friedrich August I. von Sachsen, König August II. von Polen, kurz: August den Starken. Der erst feuer-, heute blattvergoldete Reiter wurde 1735 aufgestellt, zwei Jahre nach Augusts Tod. Er reitet gen Königreich Polen und zugleich in die Innere Neustadt – den Stadtteil, den er formte.

Barock, barocker, am barocksten

Nachdem Altendresden im Jahr 1685 abgebrannt war, plante der sächsische Kurfürst das Viertel mit großer Geste neu. König- und Albertstraße links und rechts der Hauptstraße folgen dem barocken Ideal von symmetrischer Regelmäßigkeit. Die Gestaltung der Häuser bestimmte eine Bauordnung. »Neue Königstadt« ließ August seinen Wurf benennen, kurz: Neustadt, ein recht kleines Areal in Form eines Dreiecks, dessen Schenkellinien gerade mal 2 x 300 und 1 x 350 m lang sind.

Das Zentrum bildet die platanenbeschattete Hauptstraße, bei der Augusts Stadtplaner Länge vortäuschten, indem sie zum Albertplatz hin immer schmaler werden ließen. Um diesen Effekt zu erzielen, musste die **Dreikönigskirche** 3 abgerissen und 1732–39 von Matthäus Daniel Pöppelmann und George Bähr zur Hauptstraße ausgerichtet neu aufgebaut werden – ungewöhnlich genug mit ihrem Altar im Westen und dem 85,5 m hohen Turm dahinter.

Innen sind der »Dresdner Totentanz« aus der Renaissance und der barocke Altar von Johann Benjamin Thomae zu sehen. Der Bildhauer hat auch die beiden **Nymphenbrunnen** links und rechts des Goldenen Reiters geschaffen. Das Wasserthema, gewidmet der Elbe und der polnischen Weichsel, wiederholt sich bei den zwei Brunnen am Albertplatz: Robert Diez schuf **Stilles Wasser** 4 und **Stürmische Wogen** 5 im Jahr 1894.

Die ›Essenz‹ des alten Dresden

Die Häuser der Königstraße von Barock bis Biedermeier entstanden nach der Bauordnung Matthäus Daniel Pöppelmanns mit höchstens drei Stockwerken, symmetrischer Fassadengliederung, Gurtgesimsen und Quadern für das Erdgeschoss. Die barocken Mietshäuser rund um die Königsstraße zeigen, wie im Dresden vor der Zerstörung gelebt wurde.

Dem stillen Flair des Viertels lässt sich gut in einem der kleinen Restaurants rund um den **Rebeccabrunnen** 6 (1858) hinter der Dreikönigskirche nachspüren. In den Gassen ringsum – Heinrichstraße, Obergraben, Rähnitzgasse oder Wallgässchen – gibt es zahlreiche Boutiquen, Galerien, Design- und Antiquitätenläden.

So freizügig geht es am Japanischen Palais nicht immer zu. Auslöser für das textilfreie Auftreten junger Damen war die Kunstaktion »Frühstück auf der Wiese«, bei der Aktbilder im Stil des berühmten Gemäldes »Frühstück im Grünen« von Claude Monet entstehen sollten.

▶ INFOS

www.barockviertel.de – Website des Vereins Dresdner Barockviertel Königstraße e. V.

Am Rebeccabrunnen hinter der Dreikönigskirche halten ökologisch produzierende Direktvermarkter aus der Umgebung samstags einen **Bauernmarkt** 1 ab (www.dresden.de/maerkte, 9–13 Uhr).

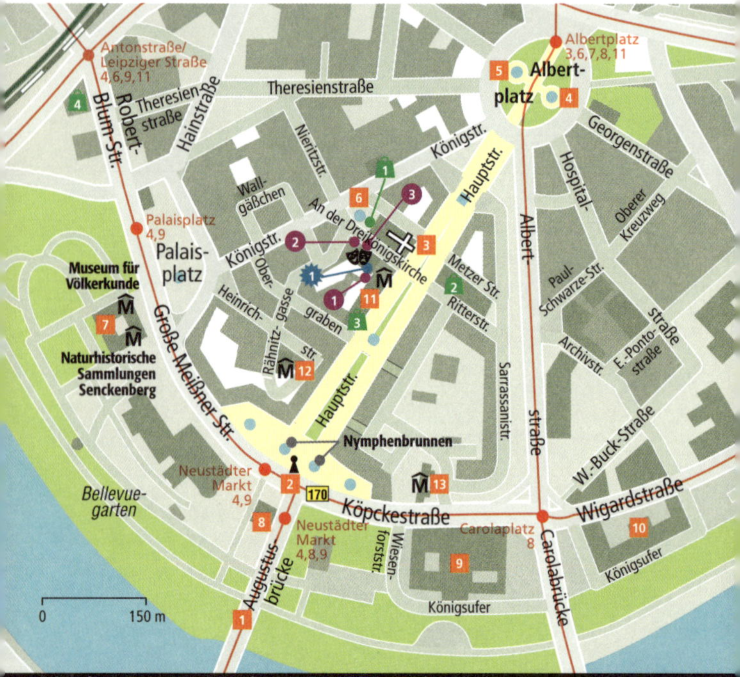

#7 Innere Neustadt und Königsufer

Cityplan: Karte 2, D/E 3/4 | **Tram** 4, 8, 9: Neustädter Markt

Pöppelmanns Porzellanschloss

Richtung Elbe mündet die Königstraße in den Palaisplatz, den die Große Meißner Straße vom **Japanischen Palais** 7 trennt. August der Starke kaufte das damalige Holländische Palais 1717 und ließ es für die Feierlichkeiten zur Hochzeit seines Sohnes zwei Jahre später umbauen. Im Anschluss wollte er es als Ausstellungsort für seine 30 000 Stücke umfassende Porzellansammlung nutzen, was der Tod des Kurfürsten allerdings verhinderte. Vollendet wurde der Umbau des Palais zur Vierflügelanlage mit asiatisch-orientalisch inspirierten Pagodendächern und Hermen mit asiatischen Gesichtszügen.

Dresdens bedeutendste Architekten waren in Augusts Lieblingsprojekt involviert: Von Pöppelmann stammt das Gesamtkonzept mit der krönenden Kuppel, Zacharias Longuelune sind die klassizistische Strenge und die Pilastergliederung der Fassade zuzuschreiben, Jean de Bodt formte die Schaufassade am Palaisplatz.

ÜBRIGENS

Summer in the City: Der Park des Japanischen Palais ist im August Austragungsort des **Palais Sommers** mit kostenlosen Plainairs, Yogakursen, Konzerten, Hörspielnächten und vielem mehr (www.palaissommer.de). Und bei den **Filmnächten am Elbufer** im Juli und August verwandelt sich das Elbufer zu Deutschlands schönstem Open-Air-Kino (Königsufer, www.filmnaechte.de).

Innere Neustadt und Königsufer #7

INFOS/ÖFFNUNGSZEITEN

Turm der Dreikönigskirche 3:
Hauptstr. 23, www.hdk-dkk.de,
März–Okt. Di 11.30–16, Mi–Sa 11–17,
So/Fei 11.30–17, Nov.–Feb. Mi 12–16,
Do, Fr 10–16, So 11.30–16.30 Uhr,
3/2 €
Im Kügelgenhaus, einem der kulturhistorisch wertvollen Bürgerhäuser aus der Zeit Augusts des Starken, hat sich das **Museum der Dresdner Romantik** 11 eingerichtet (Hauptstr. 13, T 0351 804 47 60, www.museen-dresden.de, Mi–So, Fei 10–18 Uhr, 4/3 €).
Als Städtische Galerie für Gegenwartskunst hat sich das **Kunst Haus Dresden** 12 einen Namen gemacht (Rähnitzgasse 8, www.kunsthaus-dresden.de, T 0351 804 14 56, Di–Do 14–19, Fr–So 11–19 Uhr, 4/2,50 €, Familien 6 €).
Das **Museum für sächsische Volkskunst und Puppentheatersammlung** 13 ist stilvoll im 400 Jahre alten Jägerhof untergebracht (Köpckestr. 1, T 0351 49 14 45 02, www.skd.museum, Di–So 10–18 Uhr, 5/4 €).

STILVOLL GENIESSEN

Im **L'Art de Vie** 1 neben dem Socitaetstheater werden mediterrane Küche, Kuchen oder Wein serviert – mit Blick auf Kräutergarten und barocken Gartenpavillon (Hauptstr. 19 HH, T 0351 802 73 00, www.l-art-de-vie.de, tgl. 10–24 Uhr, Hauptgerichte 11–17 €).
Die Tapas vom **El Español** 2 schmecken am besten auf dem von Linden beschatteten Platz am Rebeccabrunnen.
(An der Dreikönigskirche 7, T 0351 804 86 70, widmann-gastronomie.de, tgl. 11–1 Uhr, Gerichte ab 7 €). Benachbart in der **Pastamanufaktur** 3 werden Nudeln mit Stil serviert (An der Dreikönigskirche 3, T 0351 323 77 99, diepastamanufaktur.de, tgl. 10–22 Uhr, Gerichte 6–14 €).

»BÜHNE FREI« IM HINTERHOF

Im **Societaetstheater** ✹ von 1779 kommen zeitkritische Stücke auf die Bühne (An der Dreikönigskirche 1a, T 0351 803 68 10, www.societaetstheater.de).

Gartenglück mit Elbe-Anschluss

Zum Reiz des Palais gehört die elbseitige Parkanlage mit barocken und englischen Elementen. Parkwege führen hinüber zu den Gärten des Hotels Westin Bellevue und zum Königsufer. Das **Blockhaus** 8 an der Augustusbrücke errichtete Longuelune 1732 in der für ihn typischen streng-klassischen Manier als Neustädter Wache. Die beiden großen Gebäude im Gründerzeit-Historismus links und rechts der Carolabrücke beherbergen das **Finanzministerium** 9 (1890–96), vor dem im Sommer die Filmnächte-Leinwand steht, und die **Staatskanzlei** 10 (1900–06).

→ UM DIE ECKE

Unter den Fotografien, Grafiken und Bildbänden im **Antiquariat Bachmann & Rybicki** 4 stoßen Sie auf Musterbücher zu Wandgestaltungen um 1920 – farbig wie nie (Robert-Blum-Str. 11, www.antiquariat-dresden.de, Di–Fr 10–18 Uhr).

In der **Neustädter Markthalle** 2 von 1899 gibt es eine Menge Feinkostangebote. (Metzer Str. 1, www.markthalle-dresden.de, Mo–Sa 8–20 Uhr). In den Durchgängen und Höfen der **Kunsthandwerkerpassagen** 3 offerieren kleine Lädchen Schmuck, Antiquitäten oder Töpferwaren (Hauptstr. 9–19, www.hauptsache-hauptstrasse.de).

Wo sich Punk und Polizist Gute Nacht sagen – **Szeneviertel Neustadt**

Es soll Bewohner der Äußeren Neustadt geben, die ihren Stadtteil nur im Notfall verlassen. In der Tat weht in dem Gründerzeitviertel zwischen Albert- und Alaunplatz ein anderer Wind: Hier stemmt sich Improvisationstalent gegen Luxussanierung und ein buntes, lebendiges Straßenbild gegen den Ruhebedarf zur Nachtzeit.

Das **Hochhaus** 1 am Albertplatz (mit dem Simmel-Supermarkt im Erdgeschoss) ist ein guter Anfang: Es war bei seiner Einweihung 1929 das erste in Dresden und es steht am Anfang eines Viertels, in dem das Leben schon zur Zeit seiner Entstehung schneller rotierte als im Rest der Stadt.

Die dichte Gründerzeitbebauung entstand im Wesentlichen zwischen 1860 und 1900 im Zuge der Industrialisierung, als Dresden von 50 000 auf 500 000 Einwohner anwuchs. Arbeiter, kleine

Das Szeneviertel Äußere Neustadt zählt rund 100 Kneipen, Ateliers, Kleinkunstbühnen und unzählige flippige Läden.

Die Neustadt #8

Eine Institution in der Dresdner Neustadt ist Katy's Garage in der Alaunstraße 48 – hier gibt's einen Biergarten, Konzerte und Gartenkino, Grillstation und Tischkicker und viel Szenekiez-Flair. Der Name ist Programm in puncto Deko und Ambiente: Alte Autos, Ersatzteile und Auspuffe, Motorenblöcke und Reifen erinnern an den Reifenservice, der hier einst sein Zuhause hatte (katysgarage.de).

Beamte, Schneiderinnen, Stuckateure, Polizisten, Hebammen zogen in die Häuser – die Neustadt war kein nobles Quartier. Für ein Szeneviertel aber waren alle Zutaten da: genügend Ladengeschäfte und Hinterhoffabriken – und nach 40 DDR-Jahren ohne Sanierungen genügend Leerstand für Ideen und Nutzungen aller Art.

▶ **LESESTOFF**

Erich Kästners **Als ich ein kleiner Junge war** (Erstveröffentlichung 1957) ist *die* Pflichtlektüre zur Neustadt.

»Als ich ein kleiner Junge war«

Auch das **Erich Kästner Museum** 2 in der Villa Augustin ist ein guter Anfang! Kästners Eltern waren typische Neustadt-Bewohner des beginnenden 20. Jh.: Sein Vater arbeitete in einer Kofferfabrik, die Mutter erlernte mit 32 Jahren das Friseur-Handwerk. In ihren Wohnungen auf der Königsbrücker Straße (in der **Nr. 66** 3) wurde der Schriftsteller 1899 geboren) war immer ein Zimmer untervermietet, um die Miete stemmen zu können. In seinen Kindheitserinnerungen beschreibt Kästner eine quirlige Neustadt, in der er zur Schule ging und in den Kasernen der Albertstadt hinter dem **Alaunpark** 4 seinen Militärdienst leistete.

Bunte Republik Neustadt

Die Alaunstraße eignet sich am besten für eine Neustadt-Erkundung. Auf ihr reihen sich Läden und Kneipen dicht an dicht. Vor der **Scheune** ✱, dem alteingesessenen Subkulturzentrum, hängen scharenweise Punks herum. Anheimelnd ist es im **Kunsthof** 🛍 (Eingang Nr. 70). In den fünf bunt gestalteten Höfen gibt es fair gehandelte Mode, Schmuckunikate, Weine, eine Papierwerk-

ÜBRIGENS

Den besten Überblick über das aktuelle Kunstgeschehen in Dresden erhalten Sie in der **Galerie Gebr. Lehmann** 5. Die beiden Galeristen Frank und Ralf Lehmann sind mit den Künstlern der Hochschule für bildende Künste Dresden Eberhard Havekost und Frank Nitsche groß geworden. Inzwischen ist ihr Portfolio international (Görlitzer Str. 16, T 0351 801 17 83, www.galerie-gebr-lehmann.de, Di–Fr 10–18, Sa 11–14 Uhr).

#8 Die Neustadt

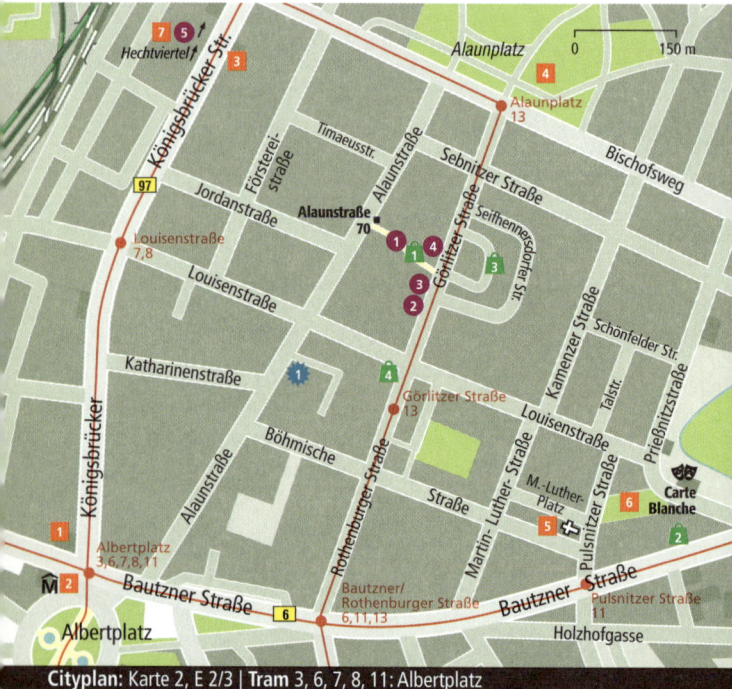

Cityplan: Karte 2, E 2/3 | **Tram** 3, 6, 7, 8, 11: Albertplatz

INFOS/ÖFFNUNGSZEITEN

Erich Kästner Museum 2: Antonstr. 1, www.erich-kaestner-museum.de, So–Mi, Fr 10–18 Uhr, 4/3 €
Alter Jüdischer Friedhof 6: Pulsnitzer Str. 12, Torschlüssel im Hatikva e.V., Nr. 10, T 0351 802 04 89

SATT & GLÜCKLICH

Im Kunsthof liegen gleich vier gute Adressen: **Lila Soße** 1 serviert in Weckgläsern (Alaunstr. 70, www.lilasosse.de, Mo–Fr ab 16, Sa/So ab 12 Uhr, Gläschen ab 4 €), bei **Neumanns Tiki** 2 gibt's leckerstes (veganes) Eis (Görlitzer Str. 21, Mo–Do 9–22, Fr 9–1, Sa 10–1, So 10–22 Uhr), im **Mahl2** 3 verwirklichen zwei Cateringköche ihren Traum (Görlitzer Str. 23, www.mahl2.de, Mo 17–22.30, Mi–Fr 16–24, Sa/So 11–24 Uhr, Hauptgerichte 9,50–12,50 €), und das **Hofcafé** 4 gilt als das kleinste Kaffeehaus der Stadt (Görlitzer Str. 25, April–Sept. tgl. 10–19, Okt.–März tgl. 11–18 Uhr; Rosenbaiser probieren!).
Ein wunderbares Restaurant mit netten Leuten und kleiner, aber guter Speisekarte ist das **Sankt Pauli** 5 (Tannenstr. 56, sankt-pauli.in, Mo–Sa 11–2, So 10–2 Uhr, Hauptgerichte 10–17 €).

WILLKÜRLICH HERAUSGEGRIFFEN ...

Der mit Engeln und Milchmädchen gefliese Käseladen **Pfunds Molkerei** 7 ist ein touristischer Hotspot, sorgt aber für leckere bzw. hübsche Mitbringsel (Bautzner Str. 79, www.pfunds.de, Mo–Sa 10–18, So 10–15 Uhr). ›Fair einkaufen‹: In Dresden designte Mode und Wohntextilien bietet **Tranquillo** 4 an (Rothenburger Str. 43, www.fabulous-tranquillo.com, Mo–Fr 10–20, Sa 10–18 Uhr,).

statt und Kinkerlitzchen-Läden, vor allem aber das eigenwillige Restaurant **Lila Soße** ❶ mit Hang zu Weckgläser-Menüs und **Neumanns Tiki** ❷, das sein selbstgemachtes Eis im Hof der Tiere serviert.

Die Görlitzer kreuzt die Louisenstraße, die zweite ›Magistrale‹ der Neustadt. Läden, Kneipen, Clubs, Cafés – bis zur Martin-Luther-Straße, die auf den gleichnamigen Platz mit der neogotischen **Martin-Luther-Kirche** 5 von 1887 führt. Hinter der Kirche liegt der **Alte Jüdische Friedhof** 6. Erst 1751 übrigens gestattete der sächsische Premierminister Graf Brühl der jüdischen Gemeinde, ihre Toten hier zu beerdigen.

Ein Fest für Leib und Seele

In der Bautzner Straße liegt der legendäre Milchladen von **Pfunds Molkerei** ❷, seit 1892 Aushängeschild des Milchimperiums von Paul Gustav Leander Pfund. Weil im schnell expandierenden Dresden der Jahrhundertwende frische, ungepantschte Milch rar war, richtete der findige Landwirt in der Neustadt eine Schau-Molkerei ein und stellte bald auch Kondensmilch und Babynahrung her, richtete eine Kühlkette und einen Betriebskindergarten ein. Geblieben ist der Villeroy & Boch-gekachelte Laden mit 110 (!) Käsesorten im Angebot.

> → **UM DIE ECKE**
>
> Machen Sie einen Abstecher ins **Hechtviertel** zwischen Rudolf-Leonhard-Straße und Hechtstraße: Das Tempo dort ist geruhsamer, die Atmosphäre ursprünglicher. Rund um die als Off-Theater genutzte Kirchenruine **St. Pauli** 7 am Königsbrücker Platz gibt es schöne Einkehradressen, etwa Tagesbar & Restaurant **Sankt Pauli** ❺.

Ein paar der besten Dresdner Feste finden in der Neustadt statt: Zur **Bunten Republik Neustadt** am zweiten Juniwochenende spielt alle paar Meter eine andere Band, dazwischen ist vom selbst gemischten Holunderblütensekt bis zum ausgelagerten WG-Wohnzimmer alles zu finden, was als Festbestandteil taugen könnte (www.brn-dresden.de). Zum **Schaubudensommer** ab Mitte Juli ist das Gelände hinter der Scheune ein Gesamtkunstwerk im Dienste der Schausteller: skurrile Einzeldarsteller, komische Talente, Theaterparodisten und sonstiges fahrendes Volk zeigen ihre Künste auf unzähligen Bühnen (www.schaubudensommer.de). Der kleine Weihnachtsmarkt **Neustädter Gelichter** auf dem Scheune-Vorplatz hat sogar einen eigenen Schwibbogen, was im weihnachtlich-traditionsgenauen Dresden etwas heißen will (www.neustaedter-gelichter.de). Im Hechtviertel nordwestlich der Neustadt gehört das letzte Augustwochenende dem **Hechtfest** (www.hecht-viertel.de).

Nicht nur samstagsabends: Eingang zu einer Straßendisco in der Neustadt, die als eine Oase der Subkultur gilt.

9

Alle Zutaten für einen Sonntagsausflug – **der Große Garten**

Hier gibt es (fast) nichts, was es nicht gibt: Zwischen barocker Symmetrie und englischer Parklandschaft finden Kunstliebhaber Skulpturen und ein frühbarockes Palais, Kinder den Zoo und die Parkeisenbahn, Technikfans die Gläserne Manufaktur – und das Deutsche Hygiene-Museum passt zu jeder Interessenlage.

»Hm!«, »Lecker!«, »Scharf!« – Besucher bestaunen den neuen Themenraum Essen und Trinken in der Dauerausstellung »Abenteuer Mensch« im Deutschen Hygiene-Museum. Die gläserne Kuh Heidi hat es aus der alten Ausstellung in die neue geschafft und genießt ihre Beliebtheit.

Nach dem Dreißigjährigen Krieg organisierte Kurfürst Johann Georg III. (1647–91) das kulturelle Leben nach dem absolutistischen Vorbild von Versailles. Dazu gehörte auch die Anlage des Großen Gartens um 1663: Platz für ausgeklügelte Festlichkeiten auf 200 ha. Ursprünglich durchzogen symmetrische Wege und Grünanlagen die ganze Anlage. Die Hauptallee verläuft heute immer noch schnurgerade als Mittelachse von Ost nach West,

Großer Garten #9

parallel dazu die Herkulesallee, die vor dem Krieg bis zum Dresdner Rathaus führte.

Gärten fürs Volk!

Rund um das Palais ist der Park barock geblieben, doch bald verlieren sich die Wege in einer englischen Parklandschaft. Um 1814 gab der russische Generalgouverneur Fürst Repnin-Walkonski den Park für die Bevölkerung frei. Ende des 19. Jh. legte der Gartendirektor Johann Friedrich Bouché den Zoologischen Garten im Westen an.

Das **Palais** 1 im Großen Garten ist das Herzstück der Parkanlage und Dresdens erster Barockbau. Oberlandbaumeister Johann Georg Starcke erbaute es um 1683 mit einer Freitreppe zum Palaisteich, üppigem Skulpturenschmuck an der Fassade und typisch barockem Wechsel von vorkragenden und zurückweichenden Bauteilen. Heute wird es für Konzerte und Ausstellungen genutzt.

Auf Stippvisite bei starken Skulpturen

Skulpturen von Permoser, Knöffler und anderen Barockbildhauern des 17. und 18. Jh., zusammengetragen aus dem Zwinger und anderen Schlössern, sind in der Ausstellung »Permoser im Palais« leider nur per Führung zu besichtigen. Einst hatte August der Starke – wer auch sonst? – rund 150 Skulpturen in Venedig und Rom ankaufen lassen. Einige Quellen sprechen gar von 1500, aber das scheint doch eher ins Reich der Fabeln zu gehören.

Wie dem auch sei, erhalten sind von ihnen heute noch 30, darunter im Rondell vor dem Palais **Die Zeit entführt die Schönheit** 2 von Pietro Balestra (ca. 1672–1729) und die marmorne **Üppigkeitsvase** 3 von Antonio Corradini (1668–1752) am Palaisteich. Corradini schuf auch die beiden frauenraubenden **Kentauren** 4 an der Hauptallee sowie **Die Zeit enthüllt die Wahrheit** 5 auf der Wiese vor dem Carolaschlösschen. Die kolossalen 3,50 m hohen **Herkulesfiguren** 6 und 7, die am Ost- und Westende der Herkulesallee stehen, stammen von Permoser. Die beiden **liegenden Löwen** 8 am Eingang zur Queralle schuf Gottlob Christian Kühn (1780–1828) ursprünglich für die Treppe zur Brühlschen Terrasse. Und den **floralen Mosaikbrunnen** 9 fertigte Hans Pölzig 1926 anlässlich der Internationalen Gartenbauausstellung in Dresden.

ÜBRIGENS

Bis zum Abgas-Skandal stellte VW in der **Gläsernen Manufaktur** 12 das Oberklassemodell Phaeton her. Jetzt ist eine große Neuausrichtung der Vorzeige-Produktionsstätte angesagt: E-Mobilität heißt das Stichwort – bei Rundgängen in der Manufaktur anhand von 50 interaktiven Exponaten und Fahrzeugen zu erleben. Inklusive Probefahrt, versteht sich! (Lennéstr. 1, www.glaesernemanufaktur.com, Mo–Fr 8.30–19, Sa/So 9–18 Uhr)

Für das romantische Abendprogramm: Sonnenuntergang vor dem Barockpalais im Großen Garten. Dazu passen gut ein leichter Weißwein, ein Baguette und ein leckerer Käse …

#9

Skatepark mit Ausnahmelizenz: Am Lingnerplatz dürfen die Jugendlichen Half- und Quarterpipes, die langen Banks, Handrails, Curbs, Stairs etc. auch nachts nutzen.

Die **schönste Wiese** ❷ zum Liegen oder Ballspielen ist beim Bahnhof Zoo zwischen Süd- und Querallee.

Anfassen ausdrücklich erlaubt!

Als Karl August Lingner, Odol-Hersteller und Philanthrop, 1911 die erste Internationale Hygieneausstellung im Großen Garten ins Leben rief, kamen 5 (!) Mio. Besucher. Hygiene traf einen Nerv: Gerade waren die Zusammenhänge zwischen Verunreinigung, Bakterienkulturen und Krankheiten erkannt, die wichtigsten Impfungen eingeführt und die Reformbewegung in Dresden ohnehin fest verankert. Das **Deutsche Hygiene-Museum** 10 knüpfte 1930 an den Erfolg der Ausstellung an. Mit Objekten wie der Gläsernen

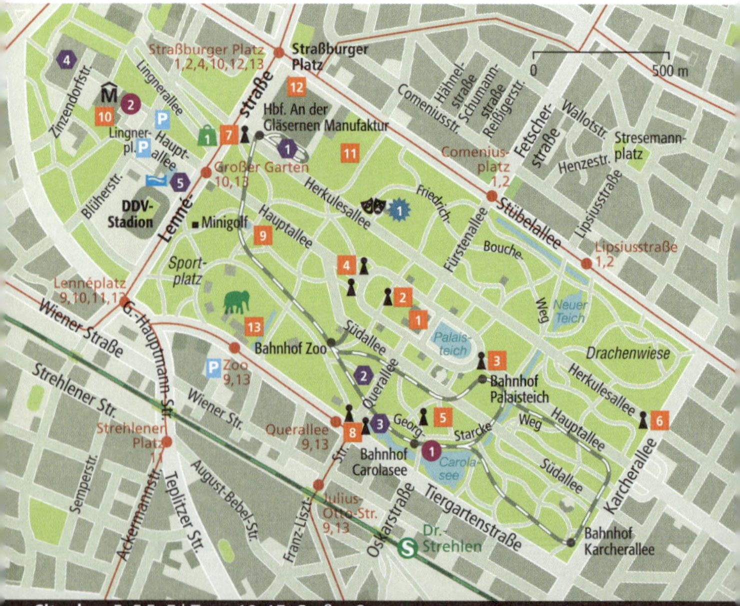

Cityplan: E–F 5–7 | **Tram** 10, 17: Großer Garten

Großer Garten #9

Frau und Wachsmodellen der Krankheitsbilder wurden die körperlichen Vorgänge des Menschen anschaulich wie nie zuvor dargestellt. Bis heute ist das Museum ein Vorreiter leicht verständlicher, dabei maximal wissensvermittelnder Ausstellungsgestaltung: Mit Körpermodellen zum Anfassen, Apparaturen zum Ausprobieren, Hörstationen und vielem mehr fordert es Aktionen heraus und eröffnet überraschende Perspektiven auf das menschliche Sein – in den Themenbereichen Leben, Sterben, Essen, Trinken, Denken, Bewegung, Sexualität und Schönheit. Sonderausstellungen behandeln aktuelle Aspekte zu Arbeit, Sprache, Religion. Übrigens: Die tempelfront-ähnliche Pfeilerkolonne als Eingangsportal schaute sich Architekt Wilhelm Kreis beim Hellerauer Festspielhaus ab.

Frisch vom Hof: Jeden Freitag bieten Erzeuger aus der Dresdner Umgebung ihre hoffrischen Produkte auf dem **Sachsenmarkt** vor dem Hygiene-Museum an: herrliche Blumensträuße, kräutergewürzte Frischkäse oder die ersten Kartoffeln. Leckeres Mitbringsel: Rindsknacker (www.dresden.de/maerkte, Lingnerallee, Fr 8–16.30 Uhr).

→ UM DIE ECKE

Der **Botanische Garten** 11 der TU Dresden scheint ein wenig aus der Zeit gefallen. Die Gewächshäuser, Staudenanlagen und Vegetationszonen-Beete haben etwas Verwunschenes.

INFOS/ÖFFNUNGSZEITEN
Palais 1: www.palais-grosser-garten.de
Deutsches Hygiene-Museum 10:
Lingnerplatz 1, T 0351 484 64 00, www.dhmd.de, Di–So 10–18 Uhr, 7/3 €,
Botanischer Garten 11: Stübelallee 2, www.tu-dresden.de, Dez./Jan. 10–15.30, Feb., Nov. 10–16, März, Okt. 10–17, April–Sept. 10–18 Uhr, Eintritt frei)

MIT KINDERN IM GROSSEN GARTEN
Der **Zoo** 13 bezaubert mit Afrikahaus, Löwenschlucht, Giraffenanlage und Streichelzoo (www.zoo-dresden.de, T 0351 47 80 60, April–Okt. 8.30–18.30, Nov.–März 8.30–16.30 Uhr, 12/4 €). Die **Parkeisenbahn** 1 startet alle 10–30 Min. bei der Gläsernen Manufaktur (www.parkeisenbahn-dresden.de, April–Sept. tgl. 10–18 Uhr, 1–6 €, Kinder 0,50–3 €). **Puppentheater Sonnenhäusl**: Theater Junge Generation (www.grosser-garten-dresden.de, Herkulesallee, Juni–Mitte Aug.).

AUF EINEN KAFFEE UND MEHR
Am **Carolaschlösschen**  sind Tische mit Blick auf die Fontäne im Carolateich heiß begehrt (T 0351 250 60 00, www.carolaschloesschen.de, Mo–Fr ab 11, Sa/So ab 10 Uhr, Lunchbuffet 12,50 €). Leichte Küche und guten Kaffee serviert das **Lingner** 2 im Hygiene-Museum (T 0351 484 66 00, www.restaurant-lingner.de, Di–Sa 10.30–22.30, So 10–20.30 Uhr, Hauptgerichte 9–16 €).

AKTIV IM PARK
Ruderbootverleih am Carolasee 3: April–Okt. Mo–Fr 11–18, Sa/So 10–19 Uhr (nicht bei Regen).
Skatepark 4: Dresdens größte Skateranlage am Lingnerplatz.
Das **Georg-Arnhold-Bad** 5 hat Schwimm- und Kinderbecken in Halle und Freigelände (Hauptallee 2, T 0351 494 22 03, www.dresdner-baeder.de, tgl. 9–22 Uhr, 5€/2 Std.).

10

Erleben Sie Ihr ›Blaues Wunder‹ ... und mehr – der Elberadweg

Machen Sie es wie die Dresdner: Sobald das Wetter dazu einlädt, radelt halb Dresden an der Elbe entlang, zur Arbeit oder einfach so. Schließlich machen Dresdens Elbwiesen den Reiz der Stadt aus. Also, Helm auf und los!

Offiziell heißt sie Loschwitzer Brücke, doch im Volksmund blieb sie immer das Blaue Wunder. Dies verdankt sie zum einen der Farbe ihres Anstrichs und zum anderen der Tatsache, eine der technischen Meisterleistungen des beginnenden 20. Jh. zu sein.

Und wer keine Lust auf den (geliehenen) Drahtesel hat: Auch die schönsten Spaziergänge durch Dresden führen an der Elbe entlang – vorbei an Elbwiesen, Villen, Ufersträngen, Brücken und Parks öffnet sich plötzlich der Blick auf die Silhouette der Altstadt.

3500 Tonnen Eisen und 100 000 Nieten

Vom Körnerplatz geht es über das **Blaue Wunder** 1 hinüber zum Schillerplatz. Die Stahlkonstruktion der Brücke überspannt seit 1893 die Elbe.

Als sie im Mai 1945 gesprengt werden sollte, um das Vorrücken der Roten Armee zu verhindern, gaben sie die Dresdner nicht so einfach her: Unabhängig voneinander zerschnitten zwei Retter die Sprengkabel.

Der Elberadweg führt an der toskanisch anmutenden **Villa Marie** ❶ (▶ S. 95) vorbei. Auch sie wurde gerettet – von einer Studentin namens Wanda, die einzog, nachdem die Villa 1980 nach Enteignung und Verfall für unbewohnbar erklärte wurde. Sie gründete die Galerie fotogen, bot Künstlern Quartier, organisierte Performances, Lesungen, Feste und nicht zuletzt Reparaturarbeiten – illegal und scharf beobachtet. Als die DDR-Behörden ihr 1988 das Ausstellen von Bildern und Plastiken verboten, verabschiedete sich Wanda mit einer Gerüche-Ausstellung. Was sie vom italienischen Restaurant hält, das hier seit 1992 residiert, ist nicht bekannt.

Kaum ein Neustadt-Bewohner, der im Sommer nicht mit Picknickdecke, Kühlbox und mobilem Grill auf ›seiner‹ Elbwiese auftaucht ...

Weltkulturerbe versus Waldschlösschenbrücke

Am gegenüberliegenden Elbhang geben alte Winzerhäuser, Villen und **Schloss Eckberg** ❷, **Lingnerschloss** ❸ und **Schloss Albrechtsberg** ❹ ein pittoreskes Bild ab, bevor die umstrittene **Waldschlösschenbrücke** ❺ ins Bild rückt. Ihr Bau führte dazu, dass die UNESCO Dresden 2009 den Weltkulturerbe-Status aberkannte.

Ganz in der Nähe liegt das zu DDR-Zeiten gefürchtete Gelände der Bezirksverwaltung des Ministerium für Staatssicherheit (MfS), kurz: die Stasi-Zentrale. Wie sie in den Alltag der Menschen eingriff, thematisiert die **Gedenkstätte Bautzner Straße** ❻ im ehemaligen Hafthaus.

Im Schatten unter Bäumen ...

Sonnige Plätze mit Aussicht auf Dresden versprechen hier einige Biergärten, u. a. **Fährgarten Johannstadt** ❸ und das **Café im Rosengarten** ❹ mit fast 150 (!) Rosensorten. Die nostalgisch anmutende Fähre pendelt vom Fährgarten übrigens hinüber zur Neustadt.

Nach der **Albertbrücke** ❼ (1875–77) wird das Carus- zum Königsufer und damit zum »Wohnzimmer der Dresdner«. Der attraktive Bogenschütze von 1902 markiert den Beginn des **Staudengartens** ❽. Dahinter thront die **Staatskanzlei** ❾, eine historisierende Vierflügelanlage von 1904. Schmal

> ▶ **LESESTOFF**
>
> Anhand von bislang z. T. unveröffentlichten Häftlingsinterviews schildert Heiko Neumann in seinem 2016 erschienenen Buch **Und die hatten dann irgendwann meinen Willen gebrochen** den Alltag in der MfS-U-Haft in der Bautzner Straße (zu beziehen über die Gedenkstätte oder per E-Mail: info@bautzner-strasse-dresden.de).

#10 Elberadweg

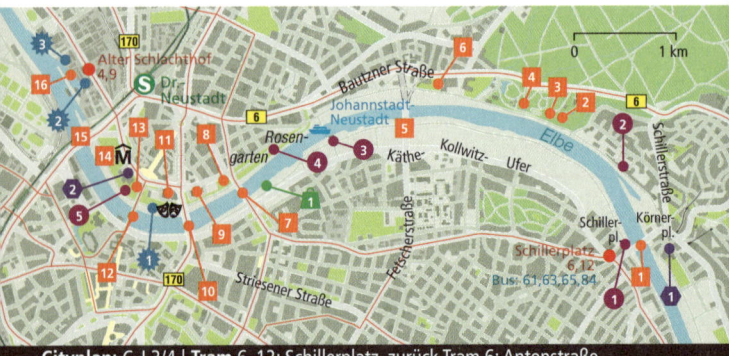

Cityplan: C–J 3/4 | **Tram** 6, 12: Schillerplatz, zurück Tram 6: Antonstraße

INFOS/ÖFFNUNGSZEITEN

Strecke: ca. 8 km, per Rad ca. 2 Std., Spaziergang ca. 4 Std. (mit Einkehr)
Radverleih Radsport Päperer ❶: Veilchenweg 2, T 0351 264 12 40, März–Sept. Mo–Fr 9–19, Sa 9–13, Okt.–Feb. Mo–Fr 9–18, Sa 9–13 Uhr, ca. 10 €/Tag (vorher anrufen)
Gedenkstätte Bautzner Straße Dresden ❻: Bautzner Str.112a, T 0351 646 54 54, www.bautzner-strasse-dresden.de, tgl. 10–18 Uhr, 4/2 €, bis 18 Jahre frei

BEVORZUGT DRAUSSEN

Barista-Kaffee oder hausgemachte Limo serviert das **Os2** ❷ auch auf der Terrasse (Körnerweg 24a, T 0351 21 86 20 38, bei Sonne Sa, So 11–21 Uhr).
Ein kühles Getränk und Deftiges vom Holzkohlengrill bietet der **Fährgarten Johannstadt** ❸ unter Schatten spendenden Bäumen (Käthe-Kollwitz-Ufer 23b, T 0351 459 62 62, www.faehrgarten.de, April–Okt. tgl. ab 10 Uhr).
Nicht nur für sein italienisches Eis ist das **Café im Rosengarten** ❹ bekannt (Carusufer 12, www.rosengarten-elbflorenz.de, T 0351 802 07 74, Mo–Fr 11–24, Sa, So 10–24 Uhr, Gerichte ab 8 €).
Elbsegler ❺: Große Meissner Str. 15, www.westin-dresden.de/biergarten/, Di–Fr ab 14, Sa, So ab 12 Uhr, Snacks ab 3 €
Filmnächte am Elbufer ✱: dresden.filmnaechte.de, 60 Abende im Juli/Aug.

Samstags empfiehlt es sich, auf der Johannstädter Seite zu bleiben: Dann ist **Flohmarkt am Elbufer** 🛍 (Sa 7–16 Uhr) – und der lohnt sich wirklich!

schiebt sich die **Carolabrücke** ❿ ins Bild, errichtet 1967–71 als Ersatz für die im Krieg gesprengte. Der Weg führt vorbei am **Finanzministerium** ⓫ und – im Sommer – an der riesigen Leinwand der **Filmnächte am Elbufer** ✱.

Dort, wo sich heute die **Augustusbrücke** ⓬ über die Elbe spannt, nutzten einst reisende Händler eine Furt. 1287 entstand hier eine erste Brücke.

Elbufer mit Turmlandschaft

Auf der anderen Elbseite zeigt sich Dresden derweil als sorgfältig komponierte Turm- und Fassadenlandschaft. Die Brühlsche Terrasse, der Rathausturm, die Glaskuppel der Kunsthochschule, die Sandsteinkuppel der Frauenkirche, der

Hausmannsturm des Schlosses und der Turm der Hofkirche ragen empor, weiter hinten schiebt sich das Bühnenhaus der Semperoper ins Bild. Und das alles liegt nur einen bequemen Spaziergang über die Augustusbrücke entfernt.

Im jugendlichen Alter von 26 Jahren ...
Gleich neben der Augustusbrücke liegt das **Blockhaus** 13, das 1732–39 als Neustädter Wache errichtet wurde. Dahinter beginnen die **öffentlichen Gärten** 2 des Hotel Bellevue. Einen spannenden Kontrast zur Umgebung bildet die Plastik »Gebrochenes Band« des Dresdner Künstlers Hermann Glöckner (1889–1987), der unter den Nationalsozialisten als »entartet« und unter dem DDR-Regime als »formalistisch« galt. Mit dem Glockenspielpavillon ist nun die Parkanlage des **Japanischen Palais** 14 erreicht.

Jeder will ihn, den ›Canaletto-Blick‹.

Auch der **Elbsegler** 5, eine elegante Form des Biergartens, gehört zum Hotel Bellevue und bietet (wie auch das Canaletto-Restaurant im Hotel) den berühmten ›Canaletto-Blick‹. Ungefähr hier muss der 26-jährige Maler Bernardo Bellotto, genannt Canaletto, gestanden haben, als er 1748 die berühmteste Ansicht der Stadt, »Dresden vom rechten Elbufer unterhalb der Augustusbrücke«, malte – zu sehen in der Gemäldegalerie Alte Meister.

Dresdens Docklands
Hinter der **Marienbrücke** 15 beginnt die **Leipziger Vorstadt** mit alten Lagerhallen und Schuppen. Ab 1839 starteten hier die Dampfzüge nach Leipzig. Das Gebiet wurde zum Motor für Dresdens Gründerzeit: Villeroy & Boch produzierte hier ab 1856 u. a. das Geschirr mit dem Brombeerdekor. Dem Chemiker Richard Seifert, der später das Mundwasser Odol mitentwickelte, gelang 1885 die Synthese des Aspirin-Wirkstoffs. Die Gebäude des früheren VEB Arzneimittelwerks Dresden (AWD), des größten der DDR, bestimmen den letzten Abschnitt bis zum **Neustädter Hafen** 16. Nach 1990 lagen die Industriegebäude und das kleine Hafengelände hier brach. Das ist inzwischen Geschichte, seit Kurzem warten hier zwei Strände auf Sonnenanbeter und Sportfreaks. Und mit der Kuppel der Yenidze im Vordergrund, dem grünen Ostragehege gegenüber und den Schiffen im Hafen wirkt Dresden von hier aus gesehen fast schon ein bisschen großstädtisch.

Sommer, Sonne, Strand in der City? Als Großstädter ohne Meerzugang bleibt den Dresdnern nur die Elbe, um ein bisschen Strandflair zu genießen. Zwei Strandbars machen das Gelände des Neustädter Hafens zur sommerlichen Flaniermeile. Sie könnten unterschiedlicher kaum sein: Luxus-Feeling mit Pool und Cocktailbars auf mehreren Ebenen im **Purobeach** 2 und ein bisschen Piratenflair mit XXL-Liegen und riesigem Sportangebot im **Citybeach** 3 – keine 500 m voneinander entfernt (T 0351 795 29 02, purobeach.de, Mai–Sept. wetterabhängig tgl. ab 11 Uhr; T 0152 24 39 43 04, www.citybeachdresden.de, Mai–Sept. tgl. ab 10 Uhr).

11

Die drei Grazien vom Hang – **die Elbschlösser**

»Spieglein, Spieglein an der Wand …« Entscheiden Sie selbst, wem Sie den Vorzug geben würden. Denn eines märchenhafter als das andere, krönen Schloss Albrechtsberg, das Lingnerschloss und Schloss Eckberg den Elbhang. Und bei ihrer Entstehung hatte tatsächlich ein Prinz die Hände im Spiel.

Ein Prinz lebt in Schloss Albrechtsberg schon lange nicht mehr, dennoch wirken die Veranstaltungen der jährlich stattfindenden Schlössernacht märchenhaft (www.dresdner-schloessernacht.de).

›Schuld‹ an allem war der schottische Adlige Earl of Findlater, der den Reiz der Gegend entdeckte und sich hier, zwischen Mord- und Schotengrund, ein Wohnpalais errichten ließ. Er starb allerdings bereits im Jahr der Fertigstellung. Nachdem sein Palais ein paar Jahre als Ausflugslokal gedient hatte, erwarb Prinz Albrecht von Preußen das Anwesen 1850.

Elbschlösser #11

Bauen zur schönen Aussicht

Mit dem Umbau des Palais zum **Albrechtsschloss** 1 im spätklassizistischen Stil beauftragte Prinz Albrecht den Schinkel-Schüler und preußischen Landbaumeister Adolf Lohse, der Elemente der griechischen und römischen Antike und der italienischen Renaissance in den Schlossbau einfließen ließ. Die prächtige Innenausstattung mit wandhohen Vertäfelungen in kräftigen Farben, Marmorböden und einem Türkischen Bad, das der Alhambra nachempfunden ist, können heute bei Veranstaltungen auch Nicht-Prinzen bewundern.

Die Preußen kommen …

Von Lohse stammt auch das benachbarte **Lingnerschloss** 2 mit seinen markanten Säulengängen in den Seitenflügeln. Die beiden Türme links und rechts des geraden Dachabschlusses nehmen unverkennbar Elemente des Nachbarschlosses auf.

Auch die Geschichte des Lingnerschlosses ist eng mit der des Albrechtsschlosses verbunden: Freifrau von Stockhausen, Hofmarschallin des Preußischen Prinzen, ließ es 1850 als Villa Stockhausen für ihre Familie bauen, weil Prinz Albrecht sie mit dem Kauf und der Bauaufsicht seines Schlosses beauftragt hatte – als Preuße konnte er damals keinen Grundbesitz in Sachsen erwerben.

Der eigentliche Namensgeber des Schlosses – Karl August Lingner (1861–1916) – kaufte es 1906. Der Unternehmer war mit dem Odol-Mundwasser zum Millionär geworden und setzte sich für Gesundheit und Aufklärung ein: Neben dem Hygiene-Museum initiierte er 1898 die erste Säuglingsklinik der Welt, außerdem eine Zentralstelle für Zahnhygiene, eine für Desinfektion und eine Lesehalle. Sein Schloss vererbte er der Stadt mit der Auflage, es allgemein zugänglich zu halten.

Ein Ort für alle

Den Park, der beide Schlösser umfasst und der heute weitgehend frei zugänglich ist, legte der preußische Gartenbaumeister Eduard Neide (1818–83) an, ein Schüler des großen Peter Joseph Lenné. Er setzte vier Landschaften in Szene: Auf der Ebene vor den Schlössern führen geschwungene Wege an Baumgruppen, Wiesen und Teichen mit natürlicher Anmutung vorbei. Am Hang sind ein künstlicher Wasserfall, ein Viadukt, Felstürme

Haben Sie Lust auf ein bisschen Schlossklatsch? **Prinz Albrecht** war auf der Suche nach einem Hausstand fern seiner Heimat, denn seine zweite Frau Rosalie von Rauch war nicht standesgemäß und blieb daher vom preußischen Hof ausgeschlossen. Sie wohnte bis zu ihrem Tod 1879 im **Schloss.** Ihr Sohn Wilhelm von Hohenau verkaufte es 1925 an die Stadt Dresden. 1945 zog die Sowjetische Militäradministration ein, ab 1951 diente es als Pionierpalast: Kinder konnten hier Kurse in Ballett, Töpfern, Geografie oder Schach besuchen. Die Jugendkunstschule im Pförtnerhaus ist eine Erinnerung daran.

Der Förderverein **Lingnerschloss** setzt sich für die Sanierung des Schlosses ein und sammelt kreativ Spenden – etwa mit der Benefizreihe **Kleinkunst mit Panoramablick,** in der Musiker, Sänger, Historiker oder Literaten einen Abend gestalten (www.lingnerschloss-freitagsreihe.de, Fr 19.30 Uhr, Eintritt 15/13 €).

#11 Elbschlösser

Schönheit hoch zwei: die Sängerin Clarisa Karnikowski beim Fotoshooting im Garten von Schloss Eckberg mit einer ›Gefährtin‹.

und künstliche Ruinen dekorativ verstreut. Zu Füßen des Albrechtsschlosses vervollständigt ein römisches Bad, das **Prinzenbad** 3, den architektonischen Gesamteindruck.

Schlossurlaub für Luxusbienen

Das im Tudorstil gehaltene **Schloss Eckberg** 4 auf einer Felsspitze am Hang hebt sich schon optisch von den beiden anderen ab: Das Grundstück erwarb der Kaufmann John Daniel Souchay 1858 und beauftragte den Semper-Schüler Christian Friedrich Arnold mit dem Bau – neogotisch, unsymmetrisch, an eine mittelalterliche Burg erinnernd. Heute beherbergt es ein Luxushotel.

INFOS/ÖFFNUNGSZEITEN

Schloss Albrechtsberg 1: www.schloss-albrechtsberg.de, Führungen T 0351 811 58 23

Saloppe 5: Elberadweg/Brockhausstraße. Das schicke Haus ist Dresdens erstes Wasserwerk (1875) und wird heute als Wohnhaus genutzt (s. u.).

FÜRSTLICH SPEISEN?

Lingner hinterließ der Stadt sein Schloss mit dem Vermächtnis, »kein Etablissement nur für reiche Leute« daraus zu machen. Die **Lingnerterrassen** 2 tragen dem Rechnung (www.lingnerterrassen.de, tgl. 11–23 Uhr, Gerichte ab 10 €). Der Park von **Schloss Eckberg** 4 ist nicht öffentlich, doch Besucher des Restaurants mit schicker Terrasse, Wintergarten und Gartensaal dürfen natürlich rein (www.schloss-eckberg.de, T 0351 809 91 93, tgl. 12–22 Uhr, Gerichte ab 16 €). Die Weine der Hänge unterhalb von Albrechts- und Lingnerschloss gibt es zu frischem Flammkuchen in der **Weingalerie Dr. Müller** 1 im Kavaliershaus unterhalb des Albrechtsschlosses (www.winzer-lutz-mueller.de, T 0351 328 92 17, März, Nov. So, Fei 11–19, April–Okt. Sa, So 11–19 Uhr, Flammkuchen ab 5 €).

FÜR PARTY PEOPLE

Salopper Charme in der Sommerwirtschaft **Saloppe** 1! Nachmittags eine harmlose Sommerfrische, nachts finden die Konzerte und Partys kaum ein Ende. Höhepunkt ist das Saloppe-Seifenkistenrennen im Juni (Brockhausstr., www.saloppe.de, T 0172 353 25 86, Mai–Okt. Mo–Fr ab 17, Sa, So ab 12 Uhr).

Cityplan: G/H 3 | **Tram 11:** Elbschlösser

Hier schwebt's sich gut – **mit der Seilbahn ins Goldstaubviertel**

Auf der Suche nach einem idealen Sommersitz wurden Dresdner Künstler im Fischerdorf Loschwitz fündig. Das war im 18. Jh., doch dass es an Attraktivität nicht verloren hat, führt eine Fahrt mit der Schwebebahn den Elbhang hinauf zum Viertel Weißer Hirsch eindrücklich vor Augen.

Die Gassen vom Körnerplatz hinunter zur Elbe vermitteln ein Bild des alten Loschwitzer Dorflebens. Rund um die **Senfbüchse** 1 – kein Einheimischer kennt die Bezeichnung Joseph-Hermann-Denkmal – bergen die Häuschen aus dem 18. und frühen 19. Jh. zahlreiche Lädchen. In der **Friedrich-Wieck-Str. 10** wohnte der gleichnamige Musikpädagoge, bekannt durch seine Tochter Clara Schumann. Noch ans frühe 17. Jh. erinnert das **Fährhaus in Nr. 45.** Mit der dörflichen Ruhe war es jedoch vorbei, als Anfang des 19. Jh. immer mehr Künstler feststellten, dass die Romantik um die Ecke liegt.

Seit 1901 unterwegs: die Schwebebahn.

#12 Goldstaubviertel

ÜBRIGENS

Im Kulturhaus des **BuchHaus Loschwitz** ✶ finden hochkarätige Lesungen und Konzerte statt. Zwei lauschige Ferienwohnungen gehören auch zum Haus (Friedrich-Wieck-Str. 6, www.kulturhaus-loschwitz.de, Di–Fr 10–18, Sa 10–14, So 11–16 Uhr)

Das Treffen in Dresden

Der Staatswissenschaftler Christian Gottfried Körner kaufte sich ein **Weinberghaus** ❷ (Körnerweg Nr. 6) als Sommersitz und machte es zum Treffpunkt der führenden Denker des frisch gegründeten Deutschlands: Johann Wolfgang von Goethe, Wilhelm von Humboldt, Johann Gottfried Herder, Heinrich von Kleist, Novalis und Ludwig Tieck waren bei ihm zu Gast. Friedrich Schiller wohnte von 1785–87 und 1801 immer wieder in Körners Gartenhaus, dem heutigen **Schillerhäuschen** ❸, und beendete dort den »Don Carlos« und widmete Körner die Ode »An die Freude«. Im Schillerhäuschen erinnern persönliche Gegenstände, Autografen und Gemälde an sein Dresdner Schaffen.

Romantiker-Reminiszensen

Der Spätromantiker Ludwig Richter (1803–84), dessen »Brautzug im Frühling« oder »Überfahrt am Schloss Schreckenstein« im Albertinum hängen,

---

INFOS/ÖFFNUNGSZEITEN

Schillerhäuschen ❸: Schillerstr. 19, www.museen-dresden.de, April–Sept. Sa/So 10–17 Uhr, Eintritt frei
Leonhardi-Museum ❹: Grundstr. 26, www.leonhardi-museum.de, Di–Fr 14–18, Sa/So 10–18 Uhr, 4 €, erm. 2,50 €
Das **Josef-Hegenbarth-Archiv** ❿ im ehemaligen Wohnhaus des Malers (1884–1962) gibt mit seiner originalen Einrichtung Einblicke in das Leben am Elbhang (Calberlastr. 2, T 0351 49 14 32 11, www.skd.museum, So 15–18 Uhr, Do nach Vereinbarung, 3/2 €).

SPEZIALITÄTEN SATT

Im **Weincafé Clara** ❶ lassen sich die Loschwitzer Charaktere studieren (Friedrich-Wieck-Str. 20, T 0351 26 66 67 04, Mo–Fr 18–1, Sa/So 12–0, Okt.–April Mo geschl.
Im Ladencafé **Kleinert's Spezialitäten** ❷ gibt es ausgesuchte Käse, Marmeladen oder gleich eine leichte Mahlzeit (Friedrich-Wieck-Str. 45b, www.kleinerts-spezialitaeten.de, Di–Sa 10–22, So 10–21 Uhr, ab 6 €). Unter Regie von Sternekoch Stefan Herrmann (Bean & Beluga) schmecken Rostbratwürste und Bowle auf dem **Konzertplatz Weißer Hirsch** ❸ handgemachter als üblich (hinterm Parkhotel/Ende Stechgrundstr., www.konzertplatz-weisser-hirsch.de, Ostern–Okt. Mi–Sa 13–21, So 10–21 Uhr).

Cityplan: J/K 3/4 | Tram: 11: Plattleite

Goldstaubviertel #12

mietete sich ab 1851 jeden Sommer in Loschwitz ein – 30 Jahre lang. Als Professor an der Dresdner Kunstakademie brachte er seine Schüler mit. Andere machten es ihm nach: Eduard Leonhardi, begüterter Spross eines ortsansässigen Tintenherstellers, kaufte 1879 eine alte Mühle und ließ sie zum Atelierhaus für wenig bemittelte Künstler umbauen. Als **Leonhardi-Museum** 4 zeigt es heute neben wechselnden zeitgenössischen Positionen auch die romantischen Landschaftsbilder Leonhardis.

Dresdens ›Salon der Abgelehnten‹

Zu großer Form lief das Leonhardi-Museum in der DDR auf: Seit den 1960er-Jahren betrieben Künstler das Haus, nutzten Atelierräume und organisierten 1982 die legendäre Ausstellung »Frühstück im Freien« mit Christian Borchardt, Willi Wolf und vielen anderen, deren Kunst offiziell ignoriert wurde. Der Titel bezieht sich auf Monets Gemälde von 1863, das er nur im Pariser »Salon der Abgelehnten« ausstellen durfte. Einige dieser ›Abgelehnten‹, wie Günther Hornig und Klaus Dennhardt, wohnten im **Künstlerhaus** 5 auf der Pillnitzer Landstr. 57, einem Wohn- und Atelierhaus von 1898. Auch der **Loschwitzer Friedhof** 6 gegenüber zeugt von der Künstlerdichte des Viertels: Dort sind die Grabsteine von Hans Theo Richter, Wilhelm Lachnit, Hans Jüchser, Oskar Zwintscher, Hermann Glöckner und vielen anderen zu finden.

Oben ging es mondän zu

Hinauf zum Viertel Weißer Hirsch geht es mit der **Standseilbahn** von 1895, die vom Körnerplatz zum Louisenhof fährt. Die 100 m Höhenunterschied lassen sich auch zu Fuß auf der steilen Plattleite zurücklegen – ein anstrengender, aber idyllischer Spaziergang. Das Viertel entstand Ende des 19. Jh. als Villen- und Sommerfrischen-Kolonie rund um ein Kurbad. Dr. Heinrich Lahmann wandelte es 1888 in ein **Sanatorium** 8 mit Naturheilverfahren um, das vorzugsweise Patienten aus Adel und High Society anzog. Nach langem Verfall entstehen jetzt Luxuswohnungen im Sanatorium. Eine große Vergangenheit hat auch das **Parkhotel** 9 von 1914: In den 1920er-Jahren traten dort Heinz Rühmann und Zarah Leander auf, heute ist vor allem der Hutball im April ein beliebter Pflichttermin der Dresdner.

Auch der Ausruf »Potz! Der Blitz! Ist das nicht die Gustel von Blasewitz?« in »Wallensteins Lager« zeugt von Schillers Dresden-Aufenthalt: Justine (Gustel) Segedin war die Wirtstochter des heutigen Schillergartens im Stadtteil Blasewitz auf der anderen Elbeseite.

Eines der schönsten Stadtfeste verdankt seinen Ursprung der **Loschwitzer Kirche** 7. 1945 brannte sie aus. Aus einer Spendenaktion 1990 entwickelte sich das **Elbhangfest**.

▶ LESESTOFF

Wie sich das Leben in dem mondänen Viertel Weißer Hirsch mit der Mangelwirtschaft zu DDR-Zeiten vertrug, porträtiert Uwe Tellkamp in seinem Roman **Der Turm. Geschichte aus einem versunkenen Land** aus dem Jahr 2008.

#13

Besenwirtschaften und Himmelsleitern – **auf der Sächsischen Weinstraße**

Die ganze Kraft der Sonne bekommen die steilen Elbhänge zu spüren – das prädestiniert sie für eine landwirtschaftliche Kuriosität: Zwischen Pillnitz und Meißen liegt die nordöstlichste und kleinste Weinbauregion Europas. Und die Sächsische Weinstraße nimmt Sie mit auf die schönsten Abschnitte des sächsischen Elbtals – südländisches Lebensgefühl inklusive! Basta!

Auch im Winter machen die Weinstöcke eine gute ›Figur‹. Das benachbarte Weinstädtchen Radebeul hat besonderen Grund, stolz zu sein: Es beherbergt den Methusalem unter den sächsischen Weinen, einen rund 250 Jahre alten Traminer-Rebstock.

Die Elbe immer fest im Blick, reicht die Sächsische Weinstraße 60 km von Pirna bis Diesbar-Seußlitz. So weit nordöstlich sind die Winter kalt, Nachtfröste häufig, Niederschläge vergleichsweise gering. Doch die steilen Hänge im Elbtal liegen geschützt und geben nachts die Wärme ab, die im Granitboden gespeichert ist.

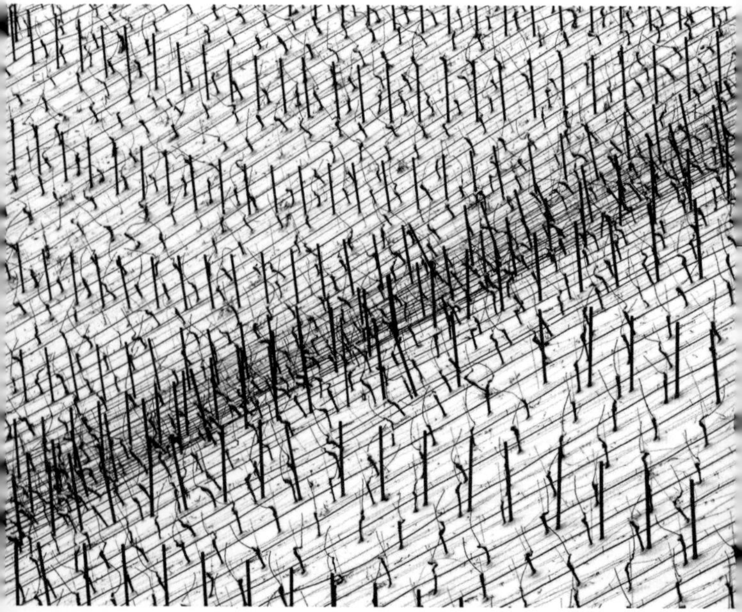

Die Winzer wollen's wissen

Zisterzienser führten bereits im 12. Jh. den Weinanbau ein. Zur Glanzzeit im 17. Jh. bewirtschafteten die Winzer 6000 ha, heute sind es noch 475 ha. Später machten Tee, Kaffee und Bier dem Wein Konkurrenz, dazu vernichteten Rebläuse ab 1850 fast alle Weinstöcke. Gleichzeitig war in der Industrialisierung Bauland gefragter denn je.

Auch in Loschwitz und Wachwitz stehen längst mehr Villen als Winzerhäuschen – ein paar Weinberge aber haben überlebt. Auf ihnen gedeihen Sorten wie der Müller-Thurgau mit seiner milden, feinen Muskatnote, der blumige Riesling, der liebliche Weißburgunder, der würzig schmeckende Traminer und der leichte Kerner; dazu kommen noch Goldriesling, Grauburgunder, Scheurebe, Bacchus und der uralte Elbling.

Der Spaziergang führt auf dem Sächsischen Weinwanderweg, der seit 1992 besteht, von Loschwitz nach Wachwitz. Die beiden Elbdörfer lebten bei ihrer Entstehung im 12. bzw. 11. Jh. vom Fischfang. Später gesellte sich der Wein- und Obstanbau dazu, bis im 19. Jh. begüterte Dresdner den Erholungswert der Gegend für sich entdeckten.

Zu DDR-Zeiten spielte der Weinbau in Sachsen kaum eine Rolle. Erst zu Beginn der 1980er-Jahre begannen hiesige Winzer zaghaft mit dem Aufreben; die politische Wende 1989 schob die Entwicklung weiter an – und heute bewirtschaften rund 2500 Winzer das sächsische Anbaugebiet.

Wie der Untertan, so der König

Der Loschwitzer Veilchenweg geht vom Körnerplatz ab und führt auf den Elbhang. Fast jedes Haus hier hat eine Geschichte als Winzerhaus oder Künstlersommersitz: in der **Nr. 1** 1 nahm Ludwig Richter Quartier, in der **Nr. 6b** 2 wohnte der Maler Georg Nerlich (1882–1982). Die **Nr. 9** 3 aus dem Jahr 1661 ist das älteste Winzerhaus in Loschwitz; die Winzersäule im Garten hat ein paar Jahre weniger auf dem Buckel. Deutlich jüngeren Datums ist die **Nr. 52** 4, und doch stammt das Winzerhaus bereits aus dem 18. Jh. Auf Calberlastraße und Joseph-Hegenbarth-Weg geht es so weiter.

König Friedrich August entdeckte 1824, wo seine Untergebenen Abstand vom städtischen Trubel fanden und kaufte sich ein Grundstück am Wachwitzer Weinberg. Der letzte König von Sachsen, Friedrich August III., ließ 1893 die **Königliche Villa** 5 im Stil der Neorenaissance da-

Hinter der Königlichen Villa beginnt der Königliche Weinberg. Die herrliche Aussicht auf das Elbtal kann an der **Himmelsleiter** indes noch gesteigert werden, indem man sie ganz hinaufgeht. Praktischerweise liegt die **KulturTerrasse Scholz** 1 direkt am Weg, eine fröhliche Freilufteinkehr, wo Konzerte, Kabarett und Lesungen zum Wein gereicht werden.

#13 Sächsische Weinstraße

Dresden hat nicht nur gute Weine zu bieten: Der Dresdner Gärtnerdynastie Seidel gelang es im frühen 20. Jh. erstmals, winterharte, kältebeständige Rhododendren zu züchten. An diesen Erfolg erinnert der **Rhododendrongarten** 7 an der Königlichen Villa mit 1000 Sträuchern und 200 Sorten, der zur Blütezeit im Mai schier zu explodieren scheint …

rauf errichten. Heute dient sie als Wohnhaus. Sein Sohn Friedrich Christian ließ 1936 das oberhalb der Villa gelegene **Schloss Wachwitz** 6 von Architekt Max Hans Kühn mit Bezügen auf den Dresdner Barock bauen.

Dem Himmel so nah!

Zu Füßen der **Himmelsleiter**, die nicht in himmlische Gefilde, sondern zu den Weinbergen der Winzergenossenschaft hinaufführt, geht es Am Steinberg wieder hinab zum Dorfkern von Wachwitz.

Die malerische Straße säumen Villen und Winzerhäuser hinter alten Bruchsteinmauern. In der **Nr. 3** 8 hat der Shakespeare-Übersetzer Wolf Graf Baudissin (1789–1879) gewohnt, **Nr. 8** 9, **Nr. 9** 10 und **Nr. 15** 11 sind alte Weinbergshäuser. **Villa Nr. 13** 12 ließ sich der Maler Woldemar Hottenroth von Wilhelm Kreis bauen, Professor für Raumkunst an der Kunstgewerbeschule in Dresden. Prunkvoll erhebt sich schließlich die **Wollner-Villa** 13 (Nr. 10), Ende des 19. Jh. ebenfalls von Kreis für den Zigarettenhersteller Robert Wollner erbaut.

Wo die starken Männer wirkten

Von Wachwitz geht es mit dem Bus 63 zurück zum Körnerplatz. Oder zu Fuß auf dem **Loschwitzer Wiesenweg** am Elbufer entlang. Der alte Treidlerweg stammt aus der Zeit, als die Schiffe noch per Manneskraft flussaufwärts gezogen wurden – heute kaum mehr vorstellbar.

In Dresden hießen die Treidler **Bomätscher** – sächsisch für das tschechische ›Pomáhač‹, das Gehilfe bedeutet. In Loschwitz und den anderen Elbdörfern verdienten sich viele Männer ihren Lebensunterhalt selbst im 20. Jh. noch mit dem Ziehen von Schiffen. Auf dem Treidelpfad erinnert viel an sie: eingelassene Eisenringe oder ins Sandsteinpflaster eingeritzte Monogramme.

→ UM DIE ECKE

Zehn Minuten zu Fuß elbaufwärts liegt die **Erbgerichtsklause** 4 in Niederpoyritz an der Fähre – im Sommer mit gemütlichem Bier- und im Winter lauschigem Wintergarten (T 0351 263 11 50, Pillnitzer Landstr. 170).

Von Wachwitz führt ein schöner Wanderweg (Kennzeichnung: Schwarze Traube) in den **Wachwitzgrund**, der nahe am Fernsehturm vorbeiführt und mit einer Einkehr in die rustikale **Wachbergschenke** 5 (www.wachbergschenke.de, Mi–Fr 17–20, Sa/So 11–20 Uhr) verbunden werden kann (Rückweg über die Waldmüllerstr. und den Oberwachwitzer Weg; Dauer: ca. 1 Std.).

Sächsische Weinstraße #13

INFO
Sächsische Weinstraße: Karten, topografische Infos und Tipps unter www.saechsischer-weinwanderweg.de

---

WEIN TRINKEN ...
KulturTerrasse Scholz ❶: Im Königlichen Weinberg Wachwitz, www.kulturterrasse-scholz.de, T 0160 612 45 82, April–Okt. je nach Wetterlage geöffnet
In ihrer Besenwirtschaft **Freytags Weingarten** ❷ schenkt das Winzerpaar Weine vom Königlichen Weinberg aus – und ab Anfang September köstlichen Federweißen. Ihr Fachwerkhaus mit lauschiger Gartenterrasse, bis Anfang der 1950er-Jahre von einer Fischersfamilie bewohnt, gehört zum alten Wachwitzer Dorfkern (Altwachwitz 4, T 0351 268 44 96, freytags-weingarten.de, Mai, Mitte Juli–Okt. Do–So ab 14 Uhr).
Malerisch wild ist der Sommergarten des **Gare de la Lune** ❸, auf halbem Weg zwischen dem Blauen Wunder und dem barocken Lustschloss Pillnitz gelegen. Im Ballsaal ist oft Tanz, besonders Tango (Pillnitzer Landstr. 148, www.gare-de-la-lune.de, T 0351 267 85 54, Mai–Sept. So, Fei ab 11 Uhr).

... WEIN KAUFEN
Links und rechts der Himmelsleiter baut Winzer **Ronny Beier** 🄰 seinen Wachwitzer Wein an. Ein Aufsteller mit dem Hinweis »Flaschenverkauf« zu Füßen der Himmelsleiter zeigt an, ob er da ist. Dann kann man auch ein Glas probieren und ggf. eine Kleinigkeit dazu essen (Am Steinberg 3, T 0179 184 75 27).

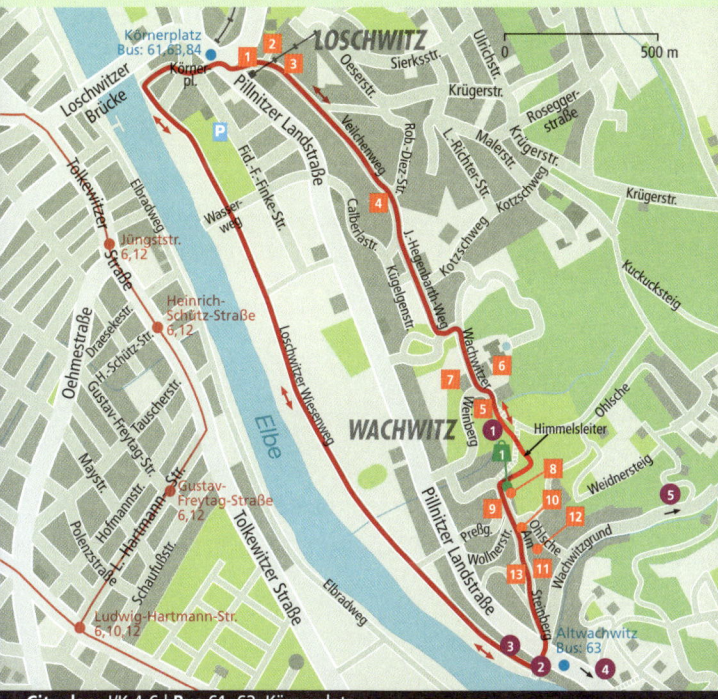

Cityplan: J/K 4-6 | Bus 61, 63: Körnerplatz

14

Monarchen und Mätressen – **das Schloss Pillnitz**

Einige Großartigkeiten und viele Kleinigkeiten machen Schloss Pillnitz zum Lieblingsschloss der Dresdner. Kein Wunder: Heiter-beschwingter Barock mit asiatischen Zügen, ein Park, der sich bis an die Weinberge erstreckt, noch dazu direkt an der Elbe – die Frage sei erlaubt: Wer bietet mehr?

Hier geht nichts mehr – oder was soll uns das hübsch in Gartenschläuche verpackte Fahrrad sagen? Es wirbt vielmehr für die Sonderausstellung des im Pillnitzer Schloss untergebrachten Kunstgewerbemuseums: »Der eigene Antrieb – oder wie uns das Rad bewegt«.

Alles begann mit einem verliebten Kurfürsten: Johann Georg IV., der Bruder Augusts des Starken, machte seiner Mätresse das alte Renaissance-Schloss zum Geschenk. Noch im selben Jahr, 1694, starben beide und August der Starke ›erbte‹ es. Dieser folgte des Bruders Vorbild und vermachte es seinerseits seiner Lieblingsmätresse, Gräfin Cosel. Doch nachdem sie 1717 bei ihm in Ungnade fiel, zog er das Anwesen wieder ein und hatte nun auch ein paar Ideen dafür.

Schloss Pillnitz #14

Wie schon der Zwinger ist auch Schloss Pillnitz kein Resultat vorgefertigter Pläne, sondern eine Mischung großer Ideen und schmaler Kassen, eine Geschichte von Zerstörung und Neubau – mit einem erstaunlich harmonischen Ergebnis.

▶ INFOS
Schlossgeschichte & mehr:
www.schlosspillnitz.de

China-Barock

Obwohl nach der kostspieligen Vermählung des Kurprinzen 1718 kaum noch Geld da war, bekam Graf Wackerbarth 1720 den Auftrag für den Schlossumbau und als Architekten Pöppelmann und Longuelune zur Seite gestellt – die Rolle von Letzterem ist vor allem im Vergleich mit dem zeitgleich erbauten Zwinger gut erkennbar: Die Fassaden muten strenger, klassischer, statischer an – trotz der asiatisch nachempfundenen Pagodendächer.

Das gestalterische Gebot Augusts, den Fluss mit einzubeziehen, wurde mit dem Bau des **Wasserpalais** 1 umgesetzt. Die breite **Freitreppe** 2 zur Elbe sollte wie ein Amphitheater den Rahmen für anlegende Gondeln bilden. Die Bemalung der Gesims-Hohlkehlen mit chinesischen Szenerien zeugt von der großen Begeisterung für alles Asiatische, das damals an den europäischen Höfen en vogue war. Das **Bergpalais** 3 gegenüber baute Pöppelmann 1723–25 als spiegelbildliches Pendant zum Wasserpalais.

Dieser Musikant ist eines der Motive der Fassadenmalereien am Wasserpalais, das in der damaligen Chinoiserie-Mode erbaut wurde.

Lücken schließen

Das **Neue Palais** 4 ersetzte das alte Renaissance-Schloss, das 1818 abgebrannt war. Schon 1788 war es durch zwei Flügelbauten mit Wasser- und Bergpalais verbunden worden. Den Neubau entwarf Christian Friedrich Schuricht ganz im Sinne des Klassizismus, passte ihn aber vor allem in der Dachform dem Bestand an. Er birgt den Kuppelsaal mit einer Freitreppe zum Lustgarten. Der klassizistische Maler Carl Christian Vogel von Vogelstein schuf die Wandmalereien.

Richtung Osten umfassen zwei Seitenflügel (im nördlichen liegt die Schlosskapelle) den **Fliederhof** 5. Die klassizistische, schmucklose Architektur schafft auf dieser Seite eine viel ruhigere Stimmung als die im effektvollen Schlosshof.

Kamelie, Kastanien und Koniferen

Die älteste Parkanlage ist der **Lustgarten** 6, der nach 1722 im französischen Stil geometrisch-

Dresden romantisch? Nichts einfacher als das, und kostspielig muss das Wohnen am Schloss auch nicht sein. **Trompeter-** 1 und **Wächterhäuschen** 2 am Eingang des Parks bergen Ferienwohnungen für 2 bzw. für 4 Personen, falls Kind und Kegel auch dabei sein sollen (T 0351 261 32 60, www.schloss pillnitz.de, Übernachtung 50–55 € p. P.).

#14 Schloss Pillnitz

Cityplan: Karte 3 | **Tram** 2 bis zur Endstation, dann mit der **Fähre** über die Elbe

INFOS/ÖFFNUNGSZEITEN

Kunstgewerbemuseum: in Wasserpalais 1 und Bergpalais 3, T 03 51 261 32 01, www.skd.museum, Mai–Okt. Di–So 10–18 Uhr, 8/6 €
Kombi-Tickets: Park, Pflanzenhäuser und Kunstgewerbemuseum 8/6 €
Schloss-Besucherzentrum Alte Wache 14: Programminfos, Kartenverkauf, Orientierungspläne, Souvenirs; T 0351 261 32 60, April–Okt. tgl. 9–18, Nov.–Jan. 10–16, Feb./März 10–17 Uhr
Park: April–Okt. 9–18 Uhr, 2/1 €
Julius Kühn-Institut 15: Pillnitzer Platz 3a, www.jki.bund.de, Mo–Do 9–15, Fr 9–12 Uhr

TYPISCHES AUS DER REGION

Der **Laden für Kunsthandwerk und Holzspielzeug** 1 am Fliederhof führt Typisches aus der Region: Lausitzer Keramik, Blaudruck-Stoffe, erzgebirgisches Holzspielzeug und nostalgische Papierwaren (T 0351 261 33 02, www.holzspielzeug-schloss-pillnitz.de, März–Okt. tgl. 10–18, Nov., Dez. tgl. 10–17, Jan. Sa/So 10–17, Feb. Mi–So 10–17 Uhr).
Im **Bootskeller** 2 ist die Verkaufsausstellung von 28 Töpfer- und Keramikhandwerkern aus Sachsen (www.toepferkunst.de, Mai–Okt. tgl. 10–17 Uhr).

AUF EIN GUTES VIERTEL!

Die **Weinbergkirche** 16, die Pöppelmann 1723–27 errichtete, liegt auf dem Weg zum **Weingut Klaus Zimmerling** 3, einem der besten Winzer des Elbtals. Rund um seine Lage Pillnitzer Königlicher Weinberg ist schon die Landschaft berauschend. Die Figuren am Portal stammen von seiner Frau (Bergweg 27, T 0351 261 87 52, www.weingut-zimmerling.de, Flaschenverkauf: Fr 10–18, Sa/So 11–18 Uhr).

Schloss Pillnitz #14

symmetrisch mit Rasen und Rabatten gestaltet und für Feste, Vergnügungen und Spiel genutzt wurde. Die **Heckenquartiere** 7 (Charmillen) westlich vom Schlosshof, labyrinthartig eingehegte Gärtchen, ließ noch Gräfin Cosel anlegen. Gefasst wird der barocke Park von der großen **Kastanienallee** 8 in Richtung Dresden, die die Achsen der Schlossbauten aufnimmt. Die berühmte **Kamelie** 9, die 1780 in den Park gelangte, ist ein späteres Echo auf die Asienvorliebe Augusts des Starken. Inzwischen ist sie die älteste Europas.

Auch die späteren Epochen der Gartenbaukunst haben sich im Park verewigt: Die **Orangerie** 10, der Tempietto-ähnliche **Englische Pavillon** 11 und der **Chinesische Pavillon** 12 folgen den Formen des Klassizismus. Der dazugehörige Englische Garten entstand im 19. Jh.

Auch ein **Palmhaus** 13 mit Eisenkonstruktion, seinerzeit in England hochmodern, fand 1859 einen Platz. Im 20. Jh. interessierten sich die Wettiner zunehmend für naturwissenschaftliche Aspekte und legten zu botanischen Forschungen den **Koniferenhain** an.

Über Gestaltung sprechen

Das **Kunstgewerbemuseum** in Wasser- und Bergpalais wurde 1876 zusammen mit der Dresdner Kunstgewerbeschule gegründet – beide mit dem Ziel, dem zunehmend industriell Gefertigten fundierte Handwerkstechniken entgegenzusetzen. Textilien, Keramik, Schmiede-, Tischler- und Edelmetallarbeiten waren die ersten Sammlungsgebiete. In den wechselnden Ausstellungen geht es inzwischen um Fahrrad-Design und tschechische Glasateliers; die Möbel der Deutschen Werkstätten Hellerau und die Musikinstrumentensammlung sind im Bergpalais zu sehen.

→ **UM DIE ECKE**

Park und Orangerie bilden die Grundlage für die lange Tradition von Gartenbau und Pflanzenzucht in Pillnitz. Heute forscht das **Julius Kühn-Institut** 15 an Obstzüchtungen. Auf 10 ha Freilandfläche wachsen 1800 Sorten Äpfel, Birnen, Kirschen, Pflaumen, Erdbeeren und die dazugehörigen Wildarten.

Unterwegs auf den Spuren von August dem Starken? Im Park von Schloss Pillnitz zelebrierte der Kurfürst seine überbordenden, barocken Feste, bei denen Adlige in die Rollen von Bauern, Fischern oder Winzern schlüpften.

Ob August der Starke mit seinem ›barocken Disneyland‹ zufrieden war? Er schaut ganz zufrieden, möchte man meinen.

Die Idee von einem besseren Leben – die Gartenstadt Hellerau

Karl Schmidt, Inhaber der ersten Möbelfabrik Deutschlands, ließ für seine Arbeiter in Hellerau eine eigene Stadt erbauen – keine normale Werkssiedlung, sondern eine durchdachte Gartenstadt nach englischem Vorbild. Und mit dem Festspielhaus bekamen alle Reformbewegungen des frühen 20. Jh. eine Heimat.

Heinrich Tessenow schuf 1911/12 ein mächtiges Festspielhaus mit einer großen Freiluftarena und umlaufenden Lichthöfen. Nach dem Zweiten Weltkrieg avancierte der Musentempel zur Kaserne der Sowjetarmee. Einige russische Wandmalereien konnten konserviert werden und legen heute beredtes Zeugnis von dieser Zeit ab.

Mitten in Dresdens Gründerboom des späten 19. Jh. hatte der Tischlermeister Karl Schmidt eine Idee: So schnell wie die Stadt wuchs, kamen die Tischler kraft ihres Handwerks gar nicht hinterher mit der Herstellung solider Möbel. Schmidt wollte Maschinen einsetzen und baute die **Deutschen Werkstätten** 1 auf dem unbebauten Gelände des Heller-Berges.

»Der Holz-Goethe«

1905, in einer Zeit, als jeder Schrank einen Muschelaufsatz hatte und jeder Stuhl so tat, als käme er aus einem Rittersaal, spuckten seine Maschinen die Teile für unverschnörkelte Möbel aus, die noch dazu schön und von solider Qualität waren – und die prompt erste Preise auf den Weltausstellungen einheimsten und Deutschland zum Marktführer in der Möbelproduktion machten. Erst recht, nachdem in Hellerau auch die ersten Schichtholzplatten entwickelt und verwendet wurden. Doch Schmidt beließ es nicht dabei: Nach der Inneneinrichtung wollte er auch die Häuser, das ganze Leben der Menschen in eine natürlichere, lebenswertere Form gießen.

Ein Platz für neue Gedanken

Schmidts Hellerauer Möbelfabrik entwarf Richard Riemerschmid 1909. Von oben betrachtet, ergibt die Anordnung der Gebäude eine Schraubzwinge – Symbol der Tischlerzunft. Eine optimale Durchlüftung, Platz und genügend Helligkeit waren die – damals durchaus nicht üblichen – Kriterien für den Bau der Werkstätten. Äußerlich orientierte sich Riemerschmid an dem Erscheinungsbild von Gutshöfen. Heute sitzen die Werkstätten in dem **modernen Flachbau** 2 gegenüber und sind auf Innenräume spezialisiert: Sie projektierten die Innengestaltung des Kameha Grand Hotels Bonn, der Dresdner Bank am Pariser Platz in Berlin, der Ladenausstattung von Lange & Söhne in Dresden und zahllose Jachtausstattungen.

Tür! Fenster! Dach!

Die **Gartenstadt-Häuser auf der Westseite des Marktes** 3 sind eine romantisierte Version eines ebenfalls als natürlich angesehenen kleinstädtisch-dörflichen Stils mit Rundbogenfenstern, Dachgauben und Ladenpassage. Die **Reihenhäuser ›Am grünen Zipfel‹** 4 stufte Riemerschmid durch, damit das Straßenbild nicht zu langweilig wurde. Der Architekturhistoriker und -theoretiker Hermann Muthesius, bestens vertraut mit den Reformgedanken aus England, legte bei seinen Ein- und **Mehrfamilienhäusern ›Beim Gräbchen‹** 5 Wert auf architektonische Zurückhaltung, Komfort und Ausgewogenheit. Heinrich Tessenow ging reduzierter zu Werke: Seine **Reihenhäuser ›Am**

ÜBRIGENS

Zur Wende ins 20. Jh. lebten Arbeiter gewöhnlich in engen Hinterhofwohnungen. Für seine Angestellten sah Karl Schmidt ein anderes Modell vor: Inspiriert von der **Gartenstadt-Idee** des Engländers Ebenezer Howard von 1898 kaufte er 140 ha Heller-Gelände und ließ die Architekten Richard Riemerschmid, Hermann Muthesius und Heinrich Tessenow darauf Einfamilien- und Reihenhäuser errichten. Die Gärten sollten der Selbstversorgung dienen, die Häuser statt Stuck und Blendarchitektur lieber eine sinnige Wohnraumaufteilung auf kleinem Raum aufweisen – Küche, Speisekammer und Bad im Erdgeschoss, Schlafzimmer im ersten Stock. Für das Gelände fertigte Riemerschmid den Bebauungsplan. ›Natürlich‹ war angesagt, und so folgen die Wege den topografischen Gegebenheiten.

Viel Platz für junge Talente bietet das Hellerauer Festspielhaus. Studenten des russischen Tanztheaters DEREVO erzählen ihre eigenen Geschichten im »Herzstück«.

Schänkenberg Nr. 4–26‹  von 1911 konzentrieren sich auf die Grundausstattung eines Hauses: Tür, Fenster, Dach.

»Bayreuth der Beine«

Wie radikal und dabei hintersinnig Tessenows Purismus war, zeigt das **Festspielhaus Hellerau**, sein fast zeitgleich mit dem Finanzministerium am Neustädter Elbufer und zehn Jahre vor der Gründung des Weimarer Bauhauses entstandenes Hauptwerk. Monumental erhebt sich der Portikus auf vier Pfeilern, in strenger Geometrie sind Haupthaus und Seitenflügel angelegt. Gebaut um 1909 als ›Bildungsanstalt für Musik und Rhythmus‹ für den Schweizer Musikpädagogen Émile Jaques-Dalcroze, entwickelte sich das Haus zum Experimentierfeld für Tanz, Bühnenbild und Kunst mit internationaler Ausstrahlung. Die spätere Begründerin des modernen Tanzes, Mary Wigman, bekam hier Anregungen für den Ausdruckstanz, Europas kulturelle Elite kam geschlossen vorbei, darunter Else Lasker-Schüler, Franz Kafka, Franz Werfel, Oskar Kokoschka, Upton Sinclair, George Bernard Shaw. Der Erste Weltkrieg beendete alle Reformideen. Jaques-Dalcroze musste das Land verlassen, eine Polizeischule zog ins Festspielhaus, später ein Lazarett der Roten Armee.

Im Torhaus der Hellerauer Werkstätten serviert das Schmidt's gehobene Speisen, im Sommer auch im Innenhof unter alten Kastanienbäumen.

Rastlos Wirbelnde

Das Haus ist offen für moderne Strömungen in der Kunst, vor allem für Musik und Tanz. Choreograf Jacopo Godani leitet die Dresden Frankfurt Dance Company mit Residence in Hellerau. Die

Gartenstadt Hellerau #15

Ergebnisse der tänzerischen Experimente stehen im Festspielhaus als Uraufführungen auf dem Spielplan. Im November zeigt das CynetArt-Festival für computergestützte Kunst den künstlerischen Umgang mit diesem Medium – häufig in Form von Performances, Tanz und Musik.

▶ INFOS

Mehr über den Interkulturellen Garten Hellerau unter: www.hellerau.org/golgi-park-info

INFOS/ÖFFNUNGSZEITEN

Deutsche Werkstätten Hellerau: Moritzburger Weg 68, T 0351 21 59 00, www.dwh.de, Mo–Fr 9–17 Uhr
Hellerau – Europäisches Zentrum der Künste im Festspielhaus Hellerau ※: Karl-Liebknecht-Str. 56, T 0351 26 46 46, www.hellerau.org
Dresden Frankfurt Dance Company: www.dresdenfrankfurtdancecompany.com
CynetArt-Festival: www.cynetart.de

KEIN KANTINENFUTTER

Schmidt's ❶: Moritzburger Weg 67, T 0351 804 48 83, www.schmidts-dresden.de, Mo–Fr 11.30–14.30, 17.30–23, Sa 17–23 Uhr, Hauptgerichte ab 13 €, z. B. gefüllte Perlhuhnbrust für 18 €
Das **Gasthaus Hellerau** ❷ am Markt wurde von Till Riemerschmidt erdacht und punktet mit solider, bodenständiger Küche (Markt 15, T 0351 883 44 70, www.gasthaus-hellerau.de, Di–Fr 16–22, Sa 12–23, So 11–21 Uhr).

GÄRTNERN UND GUT ESSEN

Auf dem Festspielhaus-Gelände liegt der **Golgi Park**, gegründet, um Anwohner und Flüchtlinge beim gemeinsamen Gärtnern miteinander ins Gespräch zu bringen. Mittags kocht außerdem die **Pastamanufaktur** ※ (▶ S. 47) im Festspielhaus (Mo–Fr 12–15, Sa/So 13–15 Uhr, Pasta 6–15 €).

Cityplan: Karte 4 | Tram 8: Festspielhaus Hellerau

Dresdner Museumslandschaft

EINTRITTSKARTEN in eine andere Welt ...
Neben den Kunstsammlungen (▶ S. 30) gibt
es in Dresden Museen zu den ungewöhnlichsten
Gebieten, hier meine persönlichen Favoriten:

UND JETZT ENTSCHEIDEN SIE!

Militärhistorisches Museum der Bundeswehr
Mo 10–21, Di–So 10–18 Uhr
5/3 €

○ JA ● NEIN

Krieg ist viel mehr als bewaffnete Soldaten in Uniform. Ursachen und Folgen geht dieses Museum mit seinem auffälligen Libeskind-Umbau kein bisschen kriegsverherrlichend nach.

📖 E 2, mhm-dresden.de

Technische Sammlungen
Di–Fr 9–17, Sa/So, Fei 10–18 Uhr
5/4 €

○ JA ● NEIN

Historische Rechenmaschinen und Silizium-Wafer, Plattenkameras und Ultraschallsensorik: Nostalgie trifft Zukunft. Und im Erlebnisland Mathe und Physik begreift der Nachwuchs im wahrsten Sinne des Wortes Formel-Phänomene.

📖 H 6, www.tsd.de

ALTANAGalerie
Mo–Fr 10–18 Uhr
Eintritt frei

○ JA ● NEIN

In der Universitätssammlung der TU Dresden, präsentiert im Lichthof des Elektrotechnischen Instituts, gehen technische Objekte und zeitgenössische Kunstwerke bemerkenswerte Liaisons ein.

📖 C 7, www.altana-galerie-dresden.de

Schulmuseum
Do 14–18, jeder erste Sa im Monat 14–17 Uhr
3/2 €, Kinder 1 €

○ JA ● NEIN

Kaiserzeit, Reformschule, NS- oder DDR-Zeit: Voll ausgestatte Klassenzimmer führen mit kenntnisreichen Erklärungen in die Schulsysteme dieser Epochen ein. Die Präsenzbibliothek zählt 8000 Schulbücher.

📖 C 4, www.schulmuseum-dresden.de

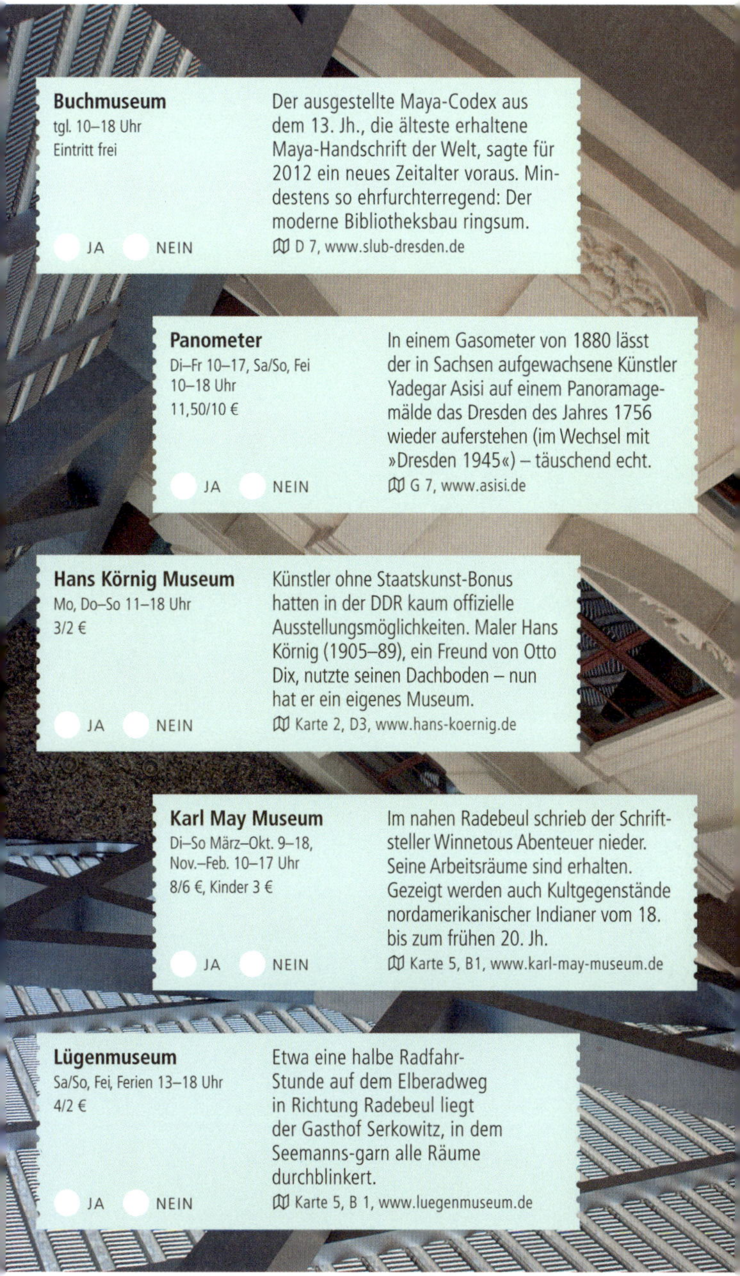

Dresdner Museumslandschaft

Buchmuseum
tgl. 10–18 Uhr
Eintritt frei

JA   NEIN

Der ausgestellte Maya-Codex aus dem 13. Jh., die älteste erhaltene Maya-Handschrift der Welt, sagte für 2012 ein neues Zeitalter voraus. Mindestens so ehrfurchterregend: Der moderne Bibliotheksbau ringsum.
📖 D 7, www.slub-dresden.de

Panometer
Di–Fr 10–17, Sa/So, Fei 10–18 Uhr
11,50/10 €

JA   NEIN

In einem Gasometer von 1880 lässt der in Sachsen aufgewachsene Künstler Yadegar Asisi auf einem Panoramagemälde das Dresden des Jahres 1756 wieder auferstehen (im Wechsel mit »Dresden 1945«) – täuschend echt.
📖 G 7, www.asisi.de

Hans Körnig Museum
Mo, Do–So 11–18 Uhr
3/2 €

JA   NEIN

Künstler ohne Staatskunst-Bonus hatten in der DDR kaum offizielle Ausstellungsmöglichkeiten. Maler Hans Körnig (1905–89), ein Freund von Otto Dix, nutzte seinen Dachboden – nun hat er ein eigenes Museum.
📖 Karte 2, D3, www.hans-koernig.de

Karl May Museum
Di–So März–Okt. 9–18, Nov.–Feb. 10–17 Uhr
8/6 €, Kinder 3 €

JA   NEIN

Im nahen Radebeul schrieb der Schriftsteller Winnetous Abenteuer nieder. Seine Arbeitsräume sind erhalten. Gezeigt werden auch Kultgegenstände nordamerikanischer Indianer vom 18. bis zum frühen 20. Jh.
📖 Karte 5, B1, www.karl-may-museum.de

Lügenmuseum
Sa/So, Fei, Ferien 13–18 Uhr
4/2 €

JA   NEIN

Etwa eine halbe Radfahr-Stunde auf dem Elberadweg in Richtung Radebeul liegt der Gasthof Serkowitz, in dem Seemanns-garn alle Räume durchblinkert.
📖 Karte 5, B 1, www.luegenmuseum.de

Dresdens Museen sind Hochkaräter ...

... das ist ja schon einige Male angesprochen worden, gespeist aus Sammlungen mit langen Ankaufsgeschichten, die teilweise bis ins 13. Jh. reichen. Zusammengestellt von den sächsischen Kurfürsten, die bis ins späte 18. Jh. hinein einen beträchtlichen Teil der gut gebutterten Staatsfinanzen in Kunst & Co. anlegten. Hinzu kommt, dass Gemälde, Preziosen, Skulpturen, Porzellane, Waffen und technische Instrumente in frischen, spannenden Museumskonzeptionen untergebracht sind. Der Freistaat Sachsen machte die **Kunstsammlungen** (▶ S. 30) nach 1989 quasi zur Chefsache und polierte seine Schätze in den vergangenen 20 Jahren gründlich auf. Ganz unabhängig von dieser ›Staatskunst‹ hat sich das **Deutsche Hygiene-Museum** (▶ S. 54) entwickelt, aus der Idee des Odol-Fabrikanten August Lingner heraus, die breiten Volksmassen der frisch entstandenen Großstädte des frühen 20. Jh. mit einem gesunden, hygienischen Lebenswandel vertraut zu machen. Mit den vielen Fassetten des menschlichen Lebens befasst sich das Museum immer noch – und setzt mit originellen Ideen und gut durchdachten Konzepten relevante Themen in Szene.
In diesem Spannungsfeld großartiger Objekte einerseits und museumspädagogischer Vorreiter andererseits haben die anderen Dresdner Museen nachgezogen – ihr Besuch ist spannend, überraschend und kurzweilig. Und für eine kleine Pause zwischendurch findet sich immer eine freie Bank.

TIPPS FÜR DEN MUSEUMSBESUCH IN DRESDEN

Die **Dresden Museum Card** ist ein Angebot der Dresden Information und gewährt freien Einlass zu allen Museen der Kunstsammlungen außer Historischem Grünen Gewölbe und Kunstgewerbemuseum und verschafft zahlreiche Rabatte (2 Tage/22 €, Infos/Online-Buchung: www.museumscard.info, T 0351 50 15 01). **Freitags** gewähren alle Städtischen Museen und Galerien ab 12 Uhr **freien Eintritt** (www.museen-dresden.de).

Ein kritischer Blick hinter die Kulissen der Ausstellung »Abenteuer Mensch« im Deutschen Hygiene-Museum.

Dresden hat Landschaft!

Es ist kein Zufall, dass die Romantiker um Casper David Friedrich in Dresden zu großer Form aufliefen. Zu der kunstaffinen Stadt gehört schließlich auch eine malerische Landschaft. Östlich säumen die dramatischen Felstürme der Sächsischen Schweiz die Elbufer, westlich zieht sich das liebliche Spaargebirge bis Meißen. Hier ein paar Landpartie-Vorschläge mit größtem Idylle-Faktor.

Elbaufwärts
Sächsische Schweiz Karte 5, D 2
Eigentlich sind die irren Felsformationen der Sächsischen Schweiz ein Meeresgrund: Zur Kreidezeit stand das Gebiet unter Wasser. Über Jahrmillionen lagerten sich Muschelschalen und der eingespülte Sand bis zu 600 m hoch ab und wurden vom Wasserdruck verdichtet. Später formte die Elbe zusammen mit der Eiszeit den weichen Sandstein, der bis zum heutigen Tag immer weiter verwittert.
Tourist-Info Pirna: T 03501 55 64 46, Touristinfo Sächsische Schweiz: T 03501 47 01 47, www.saechsische-schweiz.de

Die Highlights
Der Malerweg Karte 5, C 2
Die Bastei, der Brand, das Prebischtor, die Festung Königstein: Was in der Sächsischen Schweiz Rang und Namen hat, ist auf dem 115 km langen Malerweg zusammengefasst. Seit 1766 zogen die Maler Anton Graff und Adrian Zingg von Dresden elbaufwärts. Die beiden Schweizer lehrten an der Dresdner Kunstakademie und zeigten dort Skizzen der atemberaubenden Felsformationen, die sie entdeckt hatten. »Wie eine Sächsische Schweiz«, sollen sie gesagt haben und gaben der Landschaft damit einen Namen. Die Maler der Romantik, allen voran Caspar David Friedrich (1774-1840) sahen in den bizarren Felsen und den tiefen Schluchten eine landschaftliche Entsprechung ihrer Gefühlswelt. Die schönsten Stationen ihrer Wege zwischen Bastei und Festung Königstein sind heute auf dem 115 km langen Malerweg in acht Tagesetappen zusammengefasst. Der erste beginnt im Liebethaler Grund bei Pirna-Liebethal und führt durch den Uttenwalder Grund bis zur Stadt Wehlen.
Genaue Etappenführung: www.malerweg.de, Zeichen: Rotes »M« auf weißem Grund

›Wiesenliegen‹
Altkötzschenbroda Karte 5, A 1
Voller netter Einkehrgelegenheiten ist der Anger von Radebeuls Stadtteil Altkötzschenbroda. Ideal mit anschließenden Wiesenliegen auf der Fallobstwiese gen Elbe!
www.altkoetzschenbroda.de

Nicht nur Maler entdeckten die Romantik und die Dramatik der Felsen. Auf der zweiten Etappe des Malerwegs liegt auf dem Weg ins Polenztal die »furchtbare« Wolfsschlucht. Sie diente Friedrich Kind als Vorbild für den **Freischütz.** Carl Maria von Weber machte daraus seine Oper – die zur Wiedereröffnung der Semperoper aufgeführt wurde. Schaurig-schön wird's, wenn in der zweiten Szene des ersten Aktes die Kugeln gegossen werden: »Sechse treffen, aber die siebente gehört dem Bösen!«

Dresden hat Landschaft!

Mutet wie ein abstraktes Gemälde an: Wald in der Sächsischen Schweiz.

Im Zeichen des Weines
Wanderung zum Weinmuseum
Karte 5, B 1
Das kleine Städtchen Radebeul vor den Toren Dresdens im Westen besteht aus einem Verbund von zehn Dörfchen und steht ganz im Zeichen des Weinse. Der Weinwanderweg führt auf halber Höhe die Lößnitzhänge entlang und bietet eine grandiose Sicht auf das Elbtal. Von der Meißner Landstraße führt der Augustusweg auf die Höflößnitzstraße bis zum Weinbaumuseum Höflössnitz, das im kurfürstlichen Lusthaus von 1650 untergebracht ist. Es gibt einen Überblick zur Geschichte des Sächsischen Weinbaus. In der Weinstube lassen sich die hauseigenen, ökologisch angebauten Weine verkosten bzw. kaufen. Davor öffnet sich ein Panoramablick auf die terrassierten Weinhänge. Die eingestreuten Jahrhundertwende-Villen darin haben Radebeul zum bevorzugten Wohnort begüterter Zeitgenossen gemacht.

www.weinwanderweg-sachsen.de, Zeichen: violette Traube auf weißem Grund; Weinbaumuseum Höflößnitz: T 0351 839 83 33, www.hofloessnitz.de, Di–So 11–17 Uhr, 3 €, erm. 2 €

Schöner wohnen
Schloss Wackerbarth Karte 5, B 1
Auch Graf Christoph August von Wackerbarth, Kabinettminister von August dem Starken, gefiel es hier und er ließ sich 1729 ein zweigeschossiges Schlösschen als Altersruhesitz in die Niederlößnitz bauen, ergänzt um eine barocke Parkanlage mit Belvedere. Heute ist es der Sitz des Sächsischen Staatsweingutes Schloss Wackerbarth und lässt sich per Führung,

ÜBRIGENS

Nichts für ›Weicheier‹: **Boofen** heißen die Übernachtungsstellen im Freien, oft unter Felsvorsprüngen. Als die Natur-Romantiker die Sächsische Schweiz im 19. Jh. entdeckten, hatten sie keine andere Übernachtungsmöglichkeit – heute sind sie angesagt. Wild zu boofen ist im Nationalparkgebiet verboten und es versteht sich von selbst, dass auch außerhalb kein Müll hinterlassen oder Feuer entzündet werden darf. Offiziell genehmigte Boofen finden Sie unter www.nationalpark-saechsische-schweiz.de.

Dresden hat Landschaft!

Weinprobe oder Restaurantbesuch entdecken. Dorthin sind es ca. 4,5 km entlang der Winzerstraße oder 5 km auf der Oberen Bergstraße (Ausblick schöner). www.schloss-wackerbarth.de

Schloss ohne Bewohner
Meißen Karte 5, A 1
Ohne Meißen gäbe es kein Dresden: Im Jahr 929 ließ Heinrich I. auf der Felsnase eine Burg anlegen – das Kurfürstentum Sachsen hat seine Wiege in Meißen. Davon zeugen der Dom, gebaut als gotische Hallenkirche von 1240 bis 1297, und die Albrechtsburg auf dem Burgberg. Arnold von Westfalen baute sie 1470–82 mit den Attributen eines repräsentativen Schlosses für den Kurfürsten Ernst und seinen Bruder Herzog Albrecht. Die zogen allerdings niemals ein, sondern auseinander: Ernst nach Wittenberg, Albrecht nach Dresden. Diesem Umstand verdankt die Kunstgeschichte einen lupenreinen spätgotischen Bau ohne spätere Umbauten. August der Starke ließ 1710 seine Porzellanmanufaktur in die ungenutzten Räume einziehen. Das Thema Porzellanherstellung ist auch Thema der insgesamt sehr spannenden Dauerausstellung zur Geschichte der Burg. Der Obere Promenadenweg liefert einen hervorragenden Blick auf die engen Gassen des mittelalterlich anmutenden Städtchens, die Elbe und das Spaargebirge mit seinen Weinhängen. Die Romantiker um Caspar David Friedrich liebten diese mittelalterlichen Ansichten – sie haben in den 1830er-Jahren Stadtlandschaft und Umgebung in zahlreichen Zeichnungen und Gemälden verewigt, die heute im Kupferstich-Kabinett oder bei den Neuen Meistern in Dresden zu sehen sind.

Dom: www.dom-zu-meissen.de, April–Okt. 9–18, Nov.–März 10–16 Uhr, Führungen stdl. (April–Okt.), 4/2,50 €; Albrechtsburg: www.albrechtsburg-meissen.de, März–Okt. tgl. 10–18, Nov.–Feb. tgl. 10–17 Uhr, 8/4 €

Echtes Meissner!
Staatliche Porzellan-Manufaktur Meißen Karte 5, A 1
1863 zog die Manufaktur aus der Burg in ein neues, praktischeres Gebäude im nahen Triebischtal um: die heutige

Zwischen Shakespeare und Stelzenakrobatik – die Stücke, die Theater- und Gauklerensembles aus ganz Europa beim Wein- und Wandertheaterfest zeigen, sind vielfältig und lohnen die Anreise unbedingt (am 3. Sept.-Wochenende rund um den Anger von Altkötzschenbroda, www.weinfest-radebeul.de).

Staatliche Porzellan-Manufaktur Meißen. Dort geben die Schauwerkstätte, die Schauhalle mit Museum, die Verkaufspräsentation und ein Outlet einen umfassenden Einblick in die aktuelle Produktion von Europas ältester Porzellanmanufaktur. Die **artCampus Gallery** zeigt Werke von zeitgenössischen Künstlern, die sich als Gäste der Manufaktur intensiv mit dem Material und Farben auseinandersetzen. Dazu zählen etwa Chris Antemann oder Cornelia Schleime.

Staatliche Porzellan-Manufaktur: T 03521 46 87 00, www.meissen.de, Mai–Okt. tgl. 9–18, Nov.–April tgl. 9–17 Uhr, 9 €

Schneefegen muss sein – auch ›bei Kurfürstens‹ am Schloss Wackerbarth in Radebeul.

Pause. Einfach mal abschalten

Mit dem Entspannen und Pausieren tut sich Dresden sehr leicht: Fast jede Uferstelle der Elbe eignet sich, um die Seele baumeln zu lassen. Und wenn die Elbe mal nicht in der Nähe ist, empfehlen sich diese Rastplätze:

Füße hochlegen
Albertinum 📖 Karte 2, D 4
Die Empfangshalle des Albertinums birgt auch Café und Bookshop und einen ersten Blick auf die zeitgenössische Kunst. Hier können Sie entspannt lesen, in Reiseführern blättern oder die Füße auf den knallroten Sesseln ausruhen.
Tzschirnerplatz 2, Di–So 10–18 Uhr

Himmlische Ruhe
Hofkirche 📖 D 4
Hofkirche & Ss. Trinitatis
Nur 4,6 % der Dresdner Bevölkerung sind katholisch – die Hofkirche bzw. Kathedrale Ss. Trinitatis ist also selten überlaufen.
Schloßstraße 24

Spa as Spa can!
Living Well Health Club
📖 Karte 2, D 4
Die Tageskarten für den Living Well Health Club im Hotel Hilton vis-a-vis der Frauenkirche kostet 30 €. Nutzen lässt sich der Fitness- und Wellnessbereich mit Schwimmbecken, Außen-Whirlpool (mit Aussicht!) und vier Saunen.
An der Frauenkirche 5, T 0351 864 21 60, Mo–Fr 6–22.30, Sa/So 6–22 Uhr

Die kleine Schwester …
Bürgerwiese 📖 D 6
Sehr einsam und dabei in unmittelbarer Nähe des Zentrums liegt die Parkanlage Bürgerwiese. Der benachbarte Große Garten stiehlt ihr einfach die Show. Wer ebenfalls ungestört bleiben will, kann hier ein paar Entdeckungen machen.
Südöstl. der Altstadt gelegen

Zeit zum Abschalten
Botanischer Garten 📖 E 5
Auch der Botanische Garten führt eher ein unscheinbares Leben am Rand des Großen Gartens. Abschalten zwischen

Zum Lümmeln freigegeben: Kinderfest in der Neustadt.

Pause. Einfach mal abschalten

blühenden Wiesen und Beeten fällt hier besonders leicht.
Stübelallee 2, tgl. April–Sept. 8–18, März, Okt. 10–17, Feb., Nov 10–16, Jan./Dez 10–15.30 Uhr

Eine kleine Auszeit
Japanisches Palais 📍 Karte 2, D 3/4
Die Wiesenwege rund um das Japanische Palais sind perfekt zum Boulespielen, die Wiesen selbst zum ›Wieseliegen‹. Die Gärten des Hotels Westin Bellevue daneben auch!
Palaisplatz

Abnehmen geht anders!
Kalter Hund 📍 Karte 2, D 3
›Kalter Hund‹ ist eine Kaloriennenhäufung aus Schokoladencreme zwischen Keksschichten, die früher zu jedem Kindergeburtstag gehörte. Das gleichnamige Café in der kleinen Prisco-Passage hat aber auch noch ganz andere Törtchenraffinessen im Angebot.
Wallgäßchen 4, www.kalterhund-dresden.de, tgl. 12–18 Uhr

Wilder Wald
Dresdner Heide 📍 F-K 1-3
Die Dresdner Heide ist der Stadtwald Dresdens, und was für einer! In den über 6000 ha verlaufen sich auch Einheimische regelmäßig. Immer entlang der Prießnitz, dann kann man sich kaum verlaufen: Kamenzer Straße nördlich bis ›An der Prießnitz‹ folgen, nach ca. 200 m beginnt der Wald.

Wiese hinterm Haus für Neustädter
Alaunplatz 📍 Karte 2, E 2
Trockene Plusgrade führen sofort zu einem überfüllten Alaunplatz, der in Wirklichkeit ein Park ist. Dafür hat das Bänkesitzen einen hohen Unterhaltungsfaktor – an Markttagen auch in kulinarischer Hinsicht mit frisch zubereiteten Tortillas.
Markt Do 9–17, Sa 8–13 Uhr

Elb-Erholung
An der Fähre 📍 F 3
Auf beiden Anlegeseiten der Fähre Johannstadt-Neustadt ist das Elbufer

> **ÜBRIGENS**
>
> Seiner Vergangenheit als **Palais Brühl-Marcolini** verdankt das Friedrichstädter Krankenhaus seine Eleganz. Den Neptunbrunnen in der Anlage erschufen Lorenzo Mattielli und Zacharias Longuelune 1744 – mehr Barock passt wirklich nicht auf 40 m Breite! Auf den Kurbänken davor gibt es eine gute Gelegenheit, einen direkten Vergleich zum modernen Städtebau zu ziehen (Friedrichstraße 41).

äußerst lümmel-tauglich. Auf der Neustädter Seite sind es ca. 250 m elbabwärts bis zur verwilderten Mündung der Prießnitz – perfekt zum Beinewässern unter Bäumen! Auf der Johannstädter Seite kombiniert der Fährgarten mit Bier, Wiese und Kastanienbäumen viele Gründe zum Bleiben.
www.faehrgarten.de, wetterabhängig April–Okt. tgl. 10–24 Uhr

Schaukasten
Café Neustadt 📍 Karte 2, E 3
Das Café Neustadt begrüßt seine Gäste mit gutem Kaffee und Tageszeitungen. Durch die großen Schaufenster lässt sich geruhsam beobachten, wie die Neustadt langsam in Fahrt kommt.
Bautzner Str. 63, T 0351 899 66 49, Mo–Fr ab 7.30 Uhr

Kühles Nass
Freibäder Wostra 📍 südl. K 6
Badengehen in Dresden ist nicht leicht. Wenn es nicht das Georg-Arnhold-Bad am Großen Garten sein soll, wird es gleich der Stadtrand: Gegenüber von Pillnitz liegen das naturnahe Strandbad Wostra für Nacktbader und das Freibad Wostra mit Edelstahlbecken für Textilbader.
www.dresdner-baeder.de, Mitte Mai–Mitte Sept. tgl. 10–19 Uhr

In fremden Betten

Aus dem Vollen schöpfen

In den letzten Jahren sind in Dresden ständig neue Hotels entstanden, besonders viele am Neumarkt rund um die Frauenkirche. Die große Bettenkapazität hat für Gäste den Vorteil, günstiger übernachten zu können als in anderen deutschen Großstädten, in frisch und modern eingerichteten Zimmern. In der Hochsaison von Mai bis September und rund um Weihnachten sollten Sie frühzeitig buchen.

Zentral, Nachtleben oder Grün – diese Entscheidungskriterien führen in verschiedene Stadtteile. Ein Quartier in der Altstadt oder Inneren Neustadt ist ideal für Kurzbesucher, weil sich die wichtigsten Sehenswürdigkeiten, Theater und Restaurants dort zu Fuß erreichen lassen. Szene- und Nachtleben-Neugierige fühlen sich in der Äußeren Neustadt wohl. Ruhiger, grüner und elbnah sind die Unterkünfte in den östlichen Stadtteilen Blasewitz, Loschwitz, Laubegast oder Kleinzschachwitz. Die längere Fahrt ins Zentrum lässt sich von dort prima mit einem kleinen Ausflug auf dem Elberadweg verbinden.

Die Beherbergungssteuer, die die Stadt Dresden erhebt, verwirrt viele. Auf Antrag von ihr ausgenommen sind Reisende, die aus beruflichen Gründen nach Dresden kommen. Sonst gilt sie für alle Gäste, die gegen Entgelt in einer Unterkunft übernachten, die dauerhaft mehr als 4 Übernachtungsplätze anbietet. Privatzimmer und -wohnungen, wie sie beispielsweise Airbnb vermittelt, sind in der Regel nicht betroffen. Die Steuer bemisst sich am Übernachtungspreis, beträgt mind. 1 € und steigt mit jedem 30-Euro-Schritt um 2 €.

ZUM SELBST ENTDECKEN

Pauschalangebote und Arrangements …
… lassen sich bei der Dresden Tourismus GmbH abfragen (www.dresden.de/uebernachtung, T 0351 49 19 21 00).

Privatunterkünfte
Über 300 Pensionen, Ferienwohnungen und Privatzimmer in Dresden und im Umland kennt die Seite www.dresden-pension.de. Sie können nach den Kriterien Preis oder Lage sortieren.

Like a local
Natürlich bieten auch viele Dresdner ihre Wohnungen und Zimmer auf www.airbnb.de an.

Mit Blick auf die Elbe
Die Nähe zur Elbe taugt als Lage-Kurzcheck: Entweder ist dann auch das Stadtzentrum nahe oder die Verkehrsanbindung dahin gut ausgebaut.

Beherbergungssteuer
www.dresden.de/beherbergungssteuer

Zimmer mit Aussicht – hier auf die Äußere Neustadt

In fremden Betten

Zentral am Zwinger
Pension/Apartments am Zwinger
🏠 C 4
Die freundlich eingerichteten Zimmer und Wohnungen in dem ehrwürdigen Gründerzeithaus liegen in Laufweite zum historischen Zentrum, zur Elbe und zur nächsten Straßenbahn-Haltestelle. Jedes Zimmer hat eine Küchenzeile. Eine gute Frühstücks- und Mittagstischgelegenheit bietet auch das hauseigene Restaurant **Maximus.**
Maxstr. 3, T 0351 89 90 01 00, www.aparthotel-zwinger.de, Tram 6, 11: Kongresszentrum, EZ ab 60 €, DZ ab 60 €, Apartments ab 50 €

Alles unter einem Dach!
Das lebendige Haus 🏠 Karte 2, D 4
Die drei Apartments vis-a-vis von Zwinger und Schloss sind gerade erst fertig geworden, die Einrichtung entsprechend state of the art: modern-anheimelnd, mit futuristischem Blick auf die Altstadt. Clubatmosphäre bietet das **Felix** unterm Dach: Concièrge, Co-Workingspace, Bar und Restaurant in einem.
Kleine Brüdergasse 5, T 0761153 44 153, www.daslebendigehaus.de, Tram 1, 2, 4: Altmarkt, ab 89 €/2 Pers. bis 129 €/5 Pers.

Himmlisch
Hofgärtnerhaus 🏠 Karte 2, E4
Die Gästezimmer im Gemeindehaus der evangelisch-reformierten Gemeinde sind mit Bad und Fernseher ausgestattet, Frühstück gibt es auch, doch der größte Punkt ist die Lage: Das barocke Hofgärtnerhaus steht auf der Brühlschen Terrasse. Zentraler und dabei ruhiger geht es nicht.
Brühlscher Garten 4, T 0351 43 82 30, www.ev-ref-gem-dresden.de, Tram 3, 7: Synagoge, EZ ab 52,50 €, DZ ab 60 €, Ferienwohnung 90 € /4 Pers.

Plattenbau mit Panoramasicht
Pullmann Hotel Dresden Newa
🏠 D 5
Bis auf den Boden reichen die Fenster in diesem rundumerneuerten, aber auch schon zu DDR-Zeiten Vorzeige-Plattenbau. Hier zeigt sich, wie Moderne in den 1960er-Jahren eigentlich gemeint war: hell, klare Linien, großzügige Raumverteilung und Panoramablick auf die Prager Straße von allen Zimmern aus.
Prager Str. 2c, T 0351 481 40, www.pullman-hotel-dresden.de, Tram 3, 7, 8, 9, 11: Hauptbahnhof Nord, EZ ab 89 €, DZ ab 99 €

Ein Rest Ostmoderne
Cityherberge 🏠 D/E 5
Auf diesem Gelände mit architektonischer 60/70er-Jahre-Prägung hatte einst das VEB Kombinat Robotron, die DDR-Computerfertigung, ihren Sitz. 300 m von Rathaus und Großem Garten entfernt, bietet die Hotel-/Hostel-Kombination preiswerte, neu und zweckmäßig eingerichtete Zimmer in einem der letzten ›überlebenden‹ ehemaligen Bürogebäude.
Lingnerallee 3, T 0351 485 99 00, www.cityherberge.de, Tram 1, 2, 4, 12: Deutsches Hygiene-Museum, EZ ab 26 €, DZ ab 41 €

Wo der Gast noch Gast ist
Alte Remise 🏠 Karte 2, E 2
Vom kleinen, ökologisch geführten Gästehaus sind es weniger als 100 m in die trubelige Neustadt, doch die ruhige Hinterraus-Lage erlaubt trotzdem ein abgeschiedenes Frühstück im Wintergarten oder Garten. Übernachtung in stilvoll antik-neu eingerichteten Zimmern.
Königsbrücker Str. 45, T 0351 326 57 21, www.alte-remise.com, Tram 7, 8: Louisensraße, EZ ab 65 €, DZ ab 75 €

Alternatives Urgestein
Hostel Mondpalast 🏠 Karte 2, E 3
Im Café-Frühstücksraum Bon Voyage kehren auch Einheimische zum Brunch oder zu Konzerten ein. Dresdens Nachtleben liegt ohnehin vor der Haustür. Von Ein- bis Zehnbettzimmern sind alle Größen vorhanden, außerdem eine schicke Küche zum Selberkochen.
Louisenstr. 77, T 0351 563 40 50, www.mondpalast.de, Tram 13: Görlitzer Straße, EZ ab 29 €, DZ ab 18,50 € p. Pers.

Mit Wohlfühlfaktor
Kunsthaus Raskolnikow
🏠 Karte 2, E 3
Das Haus von 1830 stammt aus der frühesten Bebauung der Neustadt und

In fremden Betten

Nicht nur das hauseigene Restaurant verführt zum Bleiben, auch die Pension Raskolnikoff hat ihren Charme.

wurde nach der Wende von Künstlern durch Besetzung gerettet. Sieben einfach eingerichtete Zimmer und eine Ferienwohnung verbergen sich im Hinterhaus, zu erreichen über den urig-gemütlichen Innenhof des Restaurants Raskolnikoff, das gut bestückte Frühstücksteller zusammenstellt.
Böhmische Str. 35, T 0351 804 57 06, www.raskolnikoff.de, Tram 11: Pulsnitzer Straße, EZ ab 47 €, DZ ab 64 €

Gut behütet & gesundheitsbewusst
Hotel Privat 🏠 F 3
Meine Freunde bringen hier ihre Eltern unter, wenn diese sie in Dresden besuchen: Das kleine Hotel liegt im ruhigen Preußischen Viertel gleich neben der Neustadt, die Betreiber Doris und Lothar Richter sind gesundheitsbewusst, die Restaurant-Maron-Küche kennt die Weisheiten von Hildegard von Bingen, und die Zimmer sind konventionell-elegant.
Forststr. 22, T 0351 81 17 70, www.das-nichtraucher-hotel.de, Tram 11: Diakonissenkrankenhaus, EZ ab 56 €, DZ ab 81 €

Nobel geht die Welt zugrunde
Hotel Bülow Palais 🏠 Karte 2, D 3
Dresdens schmuckste Adresse unter den Nobelunterkünften ist ein Abkömmling des Hotels Bülow Residenz, das sich nur wenige Schritte entfernt befindet. Obwohl ein Neubau, passt sich das Haus seiner barocken Umgebung mit einer barocken Fassade und opulenter Einrichtung an. Ein Day-Spa sorgt ebenso für körperliches Wohlbefinden wie Benjamin Biedlingmaier: Der Küchenchef des Restaurants **Caroussel** hält den Michelin-Stern für das Haus und lässt französische Haute Cuisine auf Meißner Porzellan servieren.
Königsstr. 14, T 0351 800 30, www.buelow-residenzen.de, Tram 4, 9: Palaisplatz, EZ/DZ ab 125 €

Biedermeier im Bürgerhaus
Hotel Martha 🏠 Karte 2, D 3
Das Hotel in einem der klassizistischen Bürgerhäuser der Inneren Neustadt blickt auf eine 100-Jährige, christlich orientierte Tradition zurück. Die Zimmer kombinieren gekonnt biedermeierliches Mobiliar mit modern ausgestatteten Bädern.
Nieritzstr. 11, T 0351 817 60, www.hotel-martha-dresden.de, Tram 4, 9: Palaisplatz, EZ ab 55 €, DZ ab 113 €

Für Leib und Seele
NEBENAN Pension und Weincafé
🏠 J 4
Das älteste und kleinste Haus am Schillerplatz hat mit seiner mediterran inspirierten, zurückhaltenden Einrich-

In fremden Betten

tung das Zeug zum Wohlfühlen, zumal auch noch ein winziges Weincafé mit Kaminofen zum Haus gehört. Um die Ecke: Elberadweg, gute Restaurants und schöne Läden. Und Di, Do, Sa ist der Bauernmarkt direkt vorm Haus.
Schillerplatz 10, T 0351 314 87 11, www.pensi onnebenan.de, Bus 61, 63, 65: Schillerplatz, EZ ab 52,65 €, DZ ab 65,80 €

Deutsch-tschechischer Kulturaustausch
Brücke/Most-Zentrum Dresden
🏠 J 5
Die Brücke/Most-Stiftung dient eigentlich dem deutsch-tschechischen Kulturaustausch. In ihrer schönen Villa in Blasewitz nahe dem Schillerplatz gibt es aber auch zweckmäßig eingerichtete Gästezimmer, außerdem ein Gästehaus mit Anschluss an den großzügigen Garten, der zur Elbe führt. Keine Rezeption, deshalb Anreise bis 17 Uhr.
Reinhold-Becker-Str. 5, , T 0351 43 31 40, www. bruecke-most-stiftung.de Tram 6, 12: Jüngststraße, EZ ab 39 €, DZ ab 58 €

Wohnen wie bei Königs
Schloss Eckberg 🏠 H 3
Im märchenhaften Tudorstil thront das Schloss neben den beiden anderen Elbschlössern auf dem Elbhang – inklusive Stadtblick von der Terrasse, auf der im Sommer natürlich auch serviert wird. Die Zimmer sind klassisch-edel eingerichtet. Im weitläufigen Park (gut geeignet für morgendliche Jogginrunden) verbirgt sich noch ein Kavaliershaus, in dem die Übernachtungen günstiger sind.
Bautzner Str. 134, T 0351 809 90, www. schloss-eckberg.de, Tram 11: Elbschlösser, EZ ab 100 €, DZ ab 115 €

Denkmalgeschütztes Dach über dem Kopf
Therese-Malten-Villa
🏠 südlich K 6
Therese Malten gehörte zu den besten Kammersängerinnen der vorletzten Jahrhundertwende. Ihre prächtige historische Villa inmitten eines riesigen Gartens an der Elbe verfügt über holzverkleidete Wände, blank gewiesertes Parkett und bemalte Balkendecken. Vier große Zimmer und das Apartment sind mit ausgesuchten Antiquitäten eingerichtet. Küche, Frühstücksterrasse und Kaminzimmer können gemeinsam genutzt werden.
Wilhelm-Weitling-Str. 3, T 0351 205 35 21, www. dresden-pension.net, Tram 2: Kleinzschachwitz Freystraße, EZ ab 80 €, DZ ab 90 €

Rundum gut versorgt
Gasthof Altes Gewölbe
🏠 westlich A 3
Zwischen den Fallobstwiesen am Omsewitzer Grund erinnert nichts an die Großstadt. Im Obergeschoss seines artgerecht sanierten Fachwerk-Dreiseithofs hat Thomas Merbitz die fünf freundlich-hellen Gästezimmer untergebracht, während im Erdgeschoss-Gewölbe gut gekochte Hausmannskost serviert wird und Kinder im Garten Sandkasten und andere Spielgelegenheiten finden.
Altleutewitz 6, T 0351 422 27, www.gasthofaltes-gewölbe.de, Tram 1, 12: Leutewitz, EZ 39 €, DZ 67 €

Flusskilometer 19,9
Ferdinands Homestay 🏠 Karte 5, D 3
Diese Backpacker-Unterkunft möchte ich allen Wanderern (und sonstigen Menschen) empfehlen, die keine Lust auf Massentourismus haben: Das Hostel mit kleinem Campingplatz liegt 3 km Fuß-/Radweg entfernt von der nächsten Verkehrsstraße, gesäumt von Elbufer und Fallobstwiesen.
Halbestadt 51, 01824 Königstein, T 035022 547 75, www.ferdinandshomestay.de, ab Hbf mit Pkw ca. 1 Std., DZ 20 € p. Pers.

Zum längerbleiben
City-Ferienwohnungen
Die meisten der zwölf Ferienwohnungen von Daniela Pohl liegen zentral am Altmarkt, am Zwinger oder in der Nähe des Hauptbahnhofes, verfügen über einen Lift und sind wohnlich, freundlich, zweckmäßig eingerichtet – manche auch ganz mondän.
T 0351 470 20 04, www.ferienwohnungendresden.com, Apartment ab 47 €/2 Pers. bis 210 €/ 8 Pers., 2 Nächte mind.

Süß macht glücklich

Der typischen Dresdner Küche begegnet man schon im Café. Denn Kuchen ist die große Leidenschaft der Dresdner, nicht nur der Christstollen zur Weihnachtszeit. In den Bäckereien ist die Eierschecke allgegenwärtig. Dicht gefolgt von Blechkuchen, auf denen verarbeitet wird, was der Markt gerade hergibt. Dazu passt am allerbesten ein Kaffee – die zweite große Dresdner Leidenschaft, die sich in Zahl und Qualität ortsansässiger Konditoreien mit Caféanschluss und Kaffeeröstereien manifestiert.

Die lokalen Nationalgerichte wie Sauerbraten mit Apfelrotkraut und Klößen, Kohlrouladen mit Hackfleisch, Moritzburger Karpfen und Quarkkeulchen dagegen kennen junge Dresdner höchstens noch von den Besuchen bei Oma. Sie selbst leben lieber kalorien- und nachhaltigkeitsbewusst: Vegetarische und vegane Imbisse oder Restaurants, die ihren Fleischlieferanten gut kennen, haben es im Szeneviertel Neustadt und den angrenzenden Stadtteilen, in denen die Unter-Vierzigjährigen den Ton angeben, eindeutig leichter – nur die gute, alte Kartoffelsuppe taucht auch in Hipster-Suppenküchen wieder auf. Nach Möglichkeit – wie vieles in der Stadt – aus guten regionalen Produkten gekocht.

Apropos regionale Erzeugnisse: Von Mai bis Oktober können Sie sich bei vielen Winzern durch deren ›Jahresausbeute‹ probieren – in den Besenwirtschaften, die neben den Biergärten an der Elbe feste Bestandteile der Dresdner Open-Air-Saison sind.

ZUM SELBST ENTDECKEN

Im **Stadtzentrum** ist die Auswahl an Kaffeepausen-, Ess- und Imbissgelegenheiten auf Kreuzstraße und Weißer Gasse zwischen Kreuzkirche und Rathaus am größten, in der **Inneren Neustadt** rund um die Dreikönigskirche zwischen Haupt- und Königstraße.

Im Geviert zwischen Alaun-, Louisen-, Görlitzer- und Bautzner Straße der **Äußeren Neustadt** ist die Trefferquote für Suppen, Currywürste, Burger oder Couscous als schnellem Mittagsimbiss am größten.

Idyllisch liegen die Biergärten und Restaurants auf beiden Seiten des **Blauen Wunders** – letztere verfügen oft über eine sehr gute Küche.

Gute Empfehlungen vom Sternerestaurant bis zu den Dorfgasthöfen rund um Dresden gibt der **»Augusto«** (www.augusto-magazin.de).

Curry & Co. in der Louisenstraße: Hier gibt's die Wurst auch vegan.

Satt & glücklich

SO BEGINNT EIN GUTER TAG IN DRESDEN

Für ein spätes Stück …
Café Neustadt Karte 2, E 3
In dem lichten, klar möblierten Café werden ausgezeichnete Kuchen und je nach Saison wechselnde Tagesgerichte serviert. Frühstück gibt es bis 16 Uhr.
Bautzner Str. 63, T 0351 899 66 49, Tram 11: Pulsnitzer Straße, Mo–Fr 7.30–1, Sa/So 9–1 Uhr, ab 6,20 €

Alles Bio!
Hellers Kuchenglocke Karte 2, E 3
Vom Start weg ist das Biocafé mit Konditoreianschluss ein organischer Bestandteil der Neustadt: Martin Heller führt die Familientradition der Konditormeister bereits in der dritten Generation (auch einen Besuch wert: die **Biokonditorei Bucheckchen** der Eltern in Leubnitz-Neuostra) fort, setzt auf französischen Kaffeehaus-Charme und hat Quiche ebenso selbstverständlich im Angebot wie Pralinen und eine Kinderbetreuung beim Sonntagsbrunch.
Pulsnitzer Str. 1, T 0351 89 96 25 00, www.kuchenglocke.de, Tram 11: Pulsnitzer Straße, Di–So 7–19 Uhr

Kaffee- und Kunstkonsum
Café Oswaldz Karte 2, E 3
Inhaber Vineeth Surendranath überwacht seine gesamte Kaffeekette mit Argusaugen: Herkunft, Röstung, Zubereitung – alles ausgesucht und gut begründet. Aber abgesehen davon macht es einfach Spaß, hinter den großen Scheiben zu sitzen und Passanten zu gucken – oder zeitgenössische Kunst: Die Wände kuratiert die gestandene Galeristin Elly Brose-Eiermann.
Bautzner Str. 9, T 0351 21 86 20 38, www.oswaldz.de, Tram 6, 11: Albertplatz, Mo–Fr 8–19, Sa/So 9–19 Uhr

Kaffee und Kuchen klassisch
Schwarzmarkt Café Karte 2, D 3
Modern gestaltetes Café, dessen Plätze fast alle an der großen Fensterfront liegen oder – bei Sommerbestuhlung – unter den großen Platanen auf der Hauptstraße. Frühstück gibt es bis 16 Uhr, die Kuchen stammen von der Bäckerei Eisold – eine der besten Konditoreien Dresdens, die auch das **Traditionscafé Toscana** am Schillerplatz betreibt.
Hauptstr. 36, T 0351 801 08 33, Tram 3, 6, 7, 8, 11: Albertplatz, April–Okt tgl. 8–21, Nov.–März 8–18 Uhr

Grundlagen schaffen …
Maximus C 4
Das Restaurant hat eine lange Frühstückstradition, die es auch nach seiner Neueröffnung fortsetzt. Sehr gut, denn hier ist ein guter Ausgangspunkt, um später die Altstadt zu erkunden. Das Frühstücksbuffet gibt es bis 10.30 Uhr, den Sonntagsbrunch zwischen 11 und 15 Uhr. Mittags geht es nahtlos mit einem preiswerten Businesslunch-Angebot weiter.
Maxstr. 5, T 0351 810 41 00, maximus-dresden.de, Tram 6, 11: Kongresszentrum, Mo–Fr, Sa 7–12, So 7–16 Uhr

Dolce Vita
Kleinerts' Spezialitäten J 4
Die Caféeinrichtung ist von französischer Leichtigkeit, das Angebot an Kaffee, Kuchen, Eis und warmer Küche italienisch inspiriert, die feinen Schokoladen in den Regalen hausgemacht, die vielen Rohmilchkäse hinter der Theke unwiderstehlich – Dolce Vita pur!
Friedrich-Wieck-Str. 45b, T 0351 263 36 95, www.kleinerts-spezialitäten.de, Bus 61, 63, 84: Körnerplatz, Di–Sa 10–22, So 10–21 Uhr

Was steht heute auf der **Speisekarte**? Für alle, die es genau wissen wollen: **www.middagstisch.de** listet per Google-Karte den tagesaktuellen Essensplan zahlreicher Dresdner Gastronomen auf.

Satt & glücklich

....
WO ESSEN AUF NACHHALTIGKEIT TRIFFT
....

Regionale Naherfahrung
Genuss Atelier F/G 3
Kaum gegründet, schon in aller Munde: Die Geschwister Marcus und Nicole Blonkowski nutzen alles, was Saison und Region hergeben – einschließlich der Kräuter, die sie von den nahen Elbwiesen zupfen. Die klassischen Gerichte wie Schweinsrücken mit Kartoffeln und Blumenkohl, die damit gewürzt werden, sind sehr viel aufregender als gewohnt.
Bautzner Str. 149, T 0351 25 02 83 37, www.genuss-atelier.net, Tram 11: Waldschlösschenstraße, Mi–Fr 17–23, Sa/So, Fei 12–23 Uhr, Hauptgerichte 16–24 €

Schöner kann man es nicht sagen!
Hierschönessen Karte 2, E 3
Stephan Lampe versteht unter sächsischer Küche in erster Linie regionale Zutaten, denn daraus können wunderbar deftige Speisen entstehen, deren Saucen ihre Würze z. B. neben dem schmorenden Wildschwein vom lokalen Kohl-, Lauch- und Wurzelgemüse erhalten.
Görlitzer Str. 20, T 0351 25 65 28 98, www.hierschoenessen.de, Tram 13: Görlitzer Straße/Nordbad, Di–Sa 17–23.30, So 18–22 Uhr, Hauptgerichte ab 17 €

Der Herr der Saucen
Gasthof Bärwalde Karte 5, B 1
Um zum Gasthof Bärwalde bei Moritzburg zu gelangen, sollte man schon einen Tagesausflug mit Schlossbesuch einplanen. Es lohnt sich aber unbedingt, Olav Böhmes einfache, bodenständige Gerichte im dazu passenden Gastraum zu probieren. Vom Landschweinbäckchen bis zur gelben Rübe sind die Zutaten aus der Gegend. Dazu werden natürlich auch sächsische Weine gereicht. Die Auswahl an Kaiserstuhl-Weinen ist eine Reminiszenz an Böhmes Lehrjahre. Reservierung erforderlich!
Bärwalde, Kalkreuther Str. 10a, T 035208 34 29 01, mit dem Pkw ca. 30–45 Min., Mo, Do–Sa ab 18 Uhr, So 12–15 Uhr, Hauptgerichte ab 20 €

Für Vegetarier und Veganer
brennNessel C 4
Keine 100 m hinter dem Zwinger liegt, versteckt zwischen moderner städtischer Bebauung, der Dreisenhof von 1650, der das Umweltzentrum Dresden beherbergt – und Dresdens ältestes vegetarisches Restaurant, das neben seiner pflanzlichen Bio-Vielfalt immer auch ein Hühnchencurry im Angebot hat.
Schützengasse 18, T 0351 494 33 19, www.brennnessel-dresden.de, Tram 11: Am Zwingerteich, tgl. 11–24 Uhr, Hauptgerichte 12–15 €

Burger ohne Beef
Falscher Hase E 2
Dresdens erstes veganes Restaurant verdankt sein Überleben dem richtigen Stadtteil (das Hechtviertel gilt als neue Neustadt) und dem richtigen Mix aus Take away und im Hasen essen, Imbiss und warmen Tagesgerichten auf einer kleinen Karte. Drinnen Flohmarktmöbel-Charme, draußen vis-a-vis der St. Pauli-Ruine.
Rudolf-Leonhardt-Str. 3, T 0351 30 95 91 12, www.falscher-hase.com, Tram 13: Bischofsplatz, Mo–Do 16–22, Fr/Sa 12–23, So 12–22 Uhr, Hauptgerichte ab 10,20 €

Fleischlose Frikadellchen
Der Dicke Schmidt E 2
Wo einer gut klarkommt, gibt's auch Platz für zwei: Das vegane Restaurant am anderen Ende der Rudolf-Leonhardt-Straße hat natürlich eine Frischetheke und ist ansonsten (veganer) Spezialist für Gulasch, Sushi, Frikadellen, Eiersalat und den ›Dicken Schmidt‹ – eine Art Döner.
Rudolf-Leonhard-Str. 32, T 01575 236 36 41, Tram 13: Bischofsplatz, tgl. 12–22 Uhr, ab 2 €

Zurücklehnen und genießen – das ist die richtige Einstellung.

Satt & glücklich

Hoffentlich war er keine Eintagsfliege, der ›Spirituelle Schnellimbiß‹ auf dem Schaubudensommer – denn der Erfolg war nicht nur spiritueller Natur …

INSTITUTIONEN UND SZENETREFFS

Szene-Urgestein
Raskolnikoff 🍴 Karte 2, E 3
Seit 1989 leuchtet das rote Lämpchen am Eingang, wenn die Bar geöffnet hat. Im Restaurant gegenüber listet die Speisekarte mit Bortsch und Pelmeni ein paar Reminiszenzen an den ehemals Großen Bruder auf. Besonders beliebt ist das üppige Frühstücksangebot; lassen Sie es sich im verwunschenen Hinterhof mit Kopfsteinpflaster und Brunnen servieren. Im Obergeschoss residiert eine Galerie, im Hinterhaus eine Pension.
Böhmische Str. 34, T 0351 804 57 06, www.raskolnikoff.de, Tram 6, 13: Bautzner/Rothenburger Straße, tgl. 10–2, Bar 19–2 Uhr, Hauptgerichte 11–14 €, Entrecôte 26,90 €

Liaison culinaire
Villandry 🍴 Karte 2, E 3
Regionale Zutaten, Fantasie und Liebe zur Kochkunst gehen in diesem modern-geradlinig eingerichteten Restaurant eine geschmacksintensive Liaison ein, die beim stadtteiltypischen Szenepublikum genauso gut ankommt wie bei ausgeführten Eltern und Großeltern. Die Speisekarte wechselt täglich und bietet mediterrane Leichtigkeit mit den passenden Weinen.
Jordanstr. 8, T 0351 899 67 24, www.villandry.de, Tram 7, 8: Louisenstraße, Mo–Sa ab 18 Uhr, Hauptgerichte 14,50–24,50 €

Zeitkapsel
Bautzner Tor 🍴 Karte 2, E 3
Stil? Egal. Mittag? Ab 17 Uhr. Speisen? Herzhaft bis böhmisch. Bier? Wichtig. So wie das Bautzner Tor muss es in vielen Kaschemmen der Neustadt vor der Wende zugegangen sein. Doch das Publikum ist nicht mitgealtert, sondern verjüngt sich mit jedem Local-Hero-Konzert und jeder KassettenDisko.
Hoyerswerdaer Str. 37, T 0351 803 82 02, www.bautznertor.de, Tram 6, 11, 13: Bautzner/Rothenburger Str., tgl. ab 17 Uhr, ab 4 €

Tiefenentspannt trödeln
Sankt Pauli 🍴 E 2
Das Hechtviertel ist die tiefenentspannte Version der Neustadt und in dieser Tagesbar mit ihren hellen weiß-blauen Fließen, ihrer leichten, international zusammengetragenen Speisenauswahl,

Satt & glücklich

BIERGÄRTEN UNTER BAUMRIESEN

Zahlreiche Biergärten haben sich bereits vor mehr als 100 Jahren in der Nähe der Elbe angesiedelt und werden von entsprechend stattlichen Baumriesen beschattet. Eine kleine Liste der Klassiker:

Der **Elbegarten** (🍴 J 4) stellt ein Biergarten-Basisangebot von Zwiebelkuchen bis Bockwurst bereit, dazu Limo und Bier – und verfügt mit seinem Blauen-Wunder-Blick über einen der schönsten Standorte an der Elbe. Ein Bauerngut mit Schankrecht wurde hier übrigens erstmals 1630 erwähnt.
Friedrich-Wieck-Str. 18, T 0351 210 64 43, www.elbegarten.de, Bus 61, 63, 64: Körnerplatz, Mai–Sept. Mo–Fr 12–23, Sa/So 11–23 Uhr

Im **Fährgarten Johannstadt** (🍴 F 3) gibt es immer einen Platz unter den alten Kastanien, zur Not auch auf der Elbwiese. Die quitschgrüne Fassbrause ist auf den tollen Spielplatz gleich nebenan abgestimmt.
Käthe-Kollwitz-Ufer 23b, T 0351 459 62 62, www.faehrgarten.de, Bus 62: Gutenbergstraße oder mit der Fähre, April–Okt. tgl. 10–1 Uhr

Das **Ball- und Brauhaus Watzke** (🍴 C 2) von 1898/99 in Pieschen hat zum Elbblick natürlich auch einen Biergarten mit Logenblick auf die Altstadt, hausgebrautem Watzke-Bier und deftiger Küche.
Kötzschenbroder Str. 1, T 0351 85 29 20, www.watzke.de, S 3, 4, 9: Altpieschen, Rehefelder Straße, tgl. 11–24 Uhr

Satt & glücklich

ihren guten Kaffees und guten Weinen kann man sehr gut sehr viel Zeit vertrödeln.
Tannenstr. 56, T 0351 275 14 82, www.sankt-pauli.in, Tram 13: Bischofsplatz, Mo–Sa 11–2, So 10–2 Uhr, Hauptgerichte 10–17 €

Wie bei Mamma!
La Villetta 🍴 G 5
›Alimentari und Osteria‹ nennt sich dieses kleine Eckrestaurant auch, das entsprechend über eine gut sortierte Kühltheke mit Käse, Wurst, Oliven und anderen Antipasti nebst Kaffee, Amarettini und sonstigen italienischen Unverzichtbarkeiten verfügt. Das schlicht-mediterran gehaltene Restaurant mit offener Küche bietet wechselnde Tagesangebote aus der italienischen Küche. Noch italienischer: die Plätze draußen im Sommer.
Augsburger Str. 43, T 0351 31 59 90, www.la-villetta.de, Tram 6, 12: Königsheimplatz, Mo–Sa 10–23 Uhr, 3-Gänge-Menü 30–35 €

Italienischer Elbhang
Villa Marie 🍴 J 4
Unterhalb des Blauen Wunders in unmittelbarer Nachbarschaft der Elbwiesen liegt die markante Villa im toskanischen Landhausstil mit verwunschener Gartenterrasse – dazu passt die gehobene italienische Küche. Im Bar-Empfang im Erdgeschoss bestimmen Holzvertäfelung und Lederpolster das Bild, im Obergeschoss stehen die Restauranttische (recht eng). Für den Sonntagsbrunch lohnt sich eine Vorbestellung.
Fährgässchen 1, T 0351 31 54 40, www.villa-marie.de, Tram, 6, 12: Schillerplatz, Mo–Sa 11.30–1, So 10–1 Uhr, Brunch 20 €, für Kinder 10 € (6–10 Jahre)

Kuriose Kneipen-Kultur
Zum Gerücht 🍴 östlich K 6
Lust auf ethnologische Beobachtungen? In dieser rustikalen Gleich-nach-der-Wende-Gründung in einem ehemaligen Laubegaster Pferdestall sind die Dresdner ganz bei sich: Bergsteiger und Steuerberater, Musiker und Hochschuldozenten treten oft als Co-Union auf. Das Essen ist bodenständig, eigentlich geht es mehr ums hausgebraute Bier.
Altlaubegast 5, T 0351 251 34 25, www.zum-geruecht.de, Tram 4, 6: Leubener Straße, tgl. 19–1 Uhr, ab 2,50 €

EXPERIMENTIERFREUDIG UND UNGEWÖHNLICH

Ess-Kultur
Topf Secret 🍴 C 4
Das Minilokal hat eine Top-Lage am Kraftwerk Mitte, in dem zwischen Staatsoperette und TJG ein neuer kultureller Schwerpunkt am Stadtzentrum ent-

---

BESENWIRTSCHAFTEN

Die gelbe Elbhangfest-Fahne am Pillnitzer Königlichen Weinberg ist das Zeichen für die geöffnete **Straußenwirtschaft** (🍴 südl. K 3) von Walter und Sigrid Rogge. Ringsum und im Glas Riesling, viel Aussicht.
Wünschendorfer Str. 6, T 03 51 311 85 24, www.pillnitzer-weinberg.de, Tram 2 bis zur Endstation, dann mit der Fähre über die Elbe, Sa/So 12–18 Uhr (bei schönem Wetter)

In derselben Lage, nur zu Füßen des Weinbergs lädt auch **Klaus Zimmerling** (🍴 südl. K 3) zu einer Kostprobe – mit Weinen, die auch gern in Sternerestaurants serviert werden. Unbedingt eine Flasche als Mitbringsel sichern!
Bergweg 27, T 0351 261 87 52, www.weingut-zimmerling.de, Tram 2 bis zur Endstation, dann mit der Fähre über die Elbe, April–Okt., Fr–So, Fei 11–18 Uhr

Die linkselbischen Täler sind für den sächsischen Weinbau noch viel unbekannter als die rechtselbischen Hänge. Aber Familie Khiele beweist in der **Cossebauder Besenwirtschaft** (🍴 westlich A 3), dass es sie gibt – und dass auch Lagen ohne Elbblick idyllisch sind.
Talstr. 66, T 0351 453 98 80, www.weinbau-khiele.de, ca. 20–30 Min. mit dem Pkw, Juli–Sept. Sa/So ab 14 Uhr

Satt & glücklich

Spektakulär genießen in der Gläsernen Manufaktur von Volkswagen.

steht. Doch mit vier Paaren ist es schon voll – ohne Reservierung geht nichts. Dafür kann sich Koch und Inhaber Gregor Merker um so mehr auf seine mediterran inspirierten Gerichte konzentrieren und ein paar ehrlich interessierte Worte mit seinen Gästen wechseln.

Grüne Str. 19, T 0351 65 35 12 92, www.topf-secret.de, Tram 1, 2: Schweriner Straße, Mi–Fr 11–23, Sa/So 17–23 Uhr, Hauptgerichte 16–20 €

Zur geliebten Eierschecke nehmen die Dresdner am Nachmittag ein **Schälchn Heeßn**, einen Kaffee. Das sächsische Nationalgetränk – beileibe kein ›Bliemchengaffee‹ – sollte ›heeß‹ und ›scheen sieße‹ sein. Wahlweise können Sie auch ein Quarkkeulchen dazu essen – oder ein Stück ›Bäbe‹, also Napfkuchen. Das sollte aber ›gediddschd‹ (= eingetunkt) werden. Den perfekten Genuss rund um den Kaffee haben wir übrigens Melitta Bentz zu verdanken, die 1908 in Dresden den Kaffeefilter erfand.

Alles richtig gemacht
Weinzentrale Karte 2, E 3
Jens Pietzonka wurde schon in die richtige Familie geboren. Seine Eltern betrieben das unvergessene Fernsehturm-Restaurant. Er selbst arbeitete sich durch eine Menge preisgekrönter Häuser zum preisgekrönten Sommelier hoch. Und dann machte er aus dem alten Lampenladen eine Weinstube mit soliden Holzbänken auf Steingutfliesen, und ein paar ›Schmakazien‹ gibt es auch noch zum erlesenen Wein.

Hoyerswerdaer Str. 26, T 0351 89 96 67 47, www.weinzentrale.com, Tram 6, 13: Bautzner/Rothenburger Straße, Mo–Fr ab 16 Uhr, ›Schmakazien‹ ab 4,50 €, Onkel-Franz-Menü 15 €/19 €

Essen in Einzelteilen ...
Koch selbst! Karte 2, E 3
Eigentlich ist der Name des Ladens Programm: Gerichte aus allen Teilen der Welt liegen in Form sauber portionierter Zutaten und Rezeptkärtchen bereit, dazu gibt's den passenden Wein und bei Bedarf auch einen Lieferservice. Fast genauso gut: Täglich wechselnd gibt es auch ein fertig gekochtes Mittagsgericht im Laden – ganz frisch, ganz preiswert.

Bautzner Str. 45, T 0351 65 31 22 00, www.koch-selbst.de, Tram 11: Pulsnitzer Straße, Mo–Fr 10–19, Sa 10–18 Uhr, Gericht 4,50–5,50 €, Picknickkorb 39,90 € (vorbestellen)

Seele streicheln – einmal bitte!
Sproutfood Karte 2, E 3
Natürlich wieder ein Laden aus der Neustadt, der neue Wege in Dresden beschreitet: Neben dem Stammlokal geht es vor allem um den Mittagessen-Lieferservice per Fahrrad, der von Pieschen bis zur Waldschlösschenbrücke und von der Johannstadt bis zur inneren Altstadt reicht. Die Mittel gegen großen und kleinen Hunger sind Bio, internationaler Herkunft vom Curry bis zum Burger – und auch gut für die Seele.

Rothenburger Str. 12, T 0351 21 09 35 10, www.sproutfood.de, Tram 13: Görlitzer Straße, Mo–Sa 11–21 Uhr, 2,90–6,90 €

Satt & glücklich

Auf einen Nachmittagsschoppen
Weinkulturbar 🍷 H 5
Das beiläufig-elegant eingerichtete Ladenlokal ist abends geradezu grotesk früh ausgebucht, aber nachmittags geht noch was. Es gibt keine Karte, sondern ein Buch: einen dicken Wälzer, in dem keine Region auf Erden fehlt, in der Wein gekeltert wird. Inhaber Silvio Nitsche, von der »FAZ« zum besten Sommelier Deutschlands gekürt, empfiehlt jedoch auch nach Stimmung, Neigung oder Neugier seiner Gäste einen Wein aus seinem über 950 Posten umfassenden Fundus.
Wittenberger Str. 86, Striesen, T 0351 315 79 17, www.weinkulturbar.de, Tram 4, 10: Polandplatz, Di–Sa 15–23 Uhr

Fisch in Barock
Kastenmeiers 🍷 Karte 2, D/E 4
Das Restaurant im barocken Kurländer Palais ist für seine Fischgerichte berühmt – und für seine Mischung aus großzügigen Räumen und unverputzten Wänden mit ganz viel zeitgenössischer Kunst daran. Doch Inhaber und Tausendsassa Gerd Kastenmeier hat auch eine Radio-Mitkochshow im Programm, Rezeptkarten mit den besten Gerichten der Woche oder auch Weintouren mit Picknick auf Schloss Proschwitz: mit VIP-Shuttle, Kellerführung und Verkostung für 145 € pro Person.
Tzschirnerplatz 3–5, T 0351 48 48 48 01, www.kastenmeiers.de, Tram 7: Pirnaischer Platz, Mo–Fr 12–23, Sa/So 17–23 Uhr, Gerichte 20–40 €

Die etwas andere ›Kantine‹
Lesage 🍷 E 5
Es ist schon etwas ungewöhnlich, in einer Autofabrik zu speisen, aber die VW-Manufaktur ist ohnehin sehr ungewöhnlich. Das ambitionierte Restaurant wird vom Kempinski-Hotel geführt und hat sich der internationalen Küche verschrieben. Auf der Karte stehen Gerichte wie flambierte Kalbsfiletspitzen, rosa gebratene Kalbsleber mit Bärlauchpüree oder Limonen-Rucola-Linguine mit Streifen von der Dorade. Sonntag ist von 11 bis 15 Uhr Brunchzeit (35 €).
Gläserne Manufaktur, Lennéstr. 1, Großer Garten, T 0351 420 42 50, www.lesage.de, Tram 1, 2, 4, 12, 13: Straßburger Platz, tgl. 10–16 Uhr, 5–10 €

Heute lässt der Chef kochen – Kastenmeiers Kochriege im Spotlight.

Stöbern & entdecken

ZUM SELBST ENTDECKEN

Die Bewohner der beiden Stadtteile Blasewitz und Loschwitz pflegen einen Sinn für Genuss – diesen Eindruck könnten Sie bei einem Besuch von **Schiller- und Körnerplatz** gewinnen. In den letzten Jahren tut sich an den beiden Enden des Blauen Wunders einiges, und diese Ecke wird immer mehr zu einem abwechslungsreichen Einkaufsgeviert: Feinkost- und Bioläden, Weine und guter Kaffee, ausgesuchte Mode, Schmuck und Möbel, spannende Bücher, gute Musik und vieles mehr. Das abwechslungsreiche Nebeneinander setzt sich mit den vielen guten Cafés und Restaurants auf der Strecke nahtlos fort.

Tipps für **Innere und Äußere Neustadt** – Viertel, wie sie unterschiedlicher kaum sein könnten – habe ich im Kasten auf der rechten Seite für Sie zusammengestellt.

Allerlei statt Einerlei

Dresdens Einkaufsmeile reicht vom Hauptbahnhof bis zum Albertplatz. Auf den fast durchgängig verkehrsberuhigten zweieinhalb Kilometern dürfte die Augustusbrücke das einzige Straßenstück ohne Ladengeschäft in Sichtweite sein. Auf dem ersten Abschnitt, der Fußgängerzone Prager Straße, haben die großen Ketten wie H&M, Jack Wolfskin, Peek & Cloppenburg oder Mango ihre Filialen. In der Centrum Galerie sind über 80 Läden versammelt und Karstadt liegt schräg gegenüber. Shoppen und Hochleistungssport liegen hier eng beieinander.

Vielleicht ist den Dresdnern deshalb die Altmarkt-Galerie neben dem Altmarkt lieber – sie birgt zwar sogar über 130 Läden, aber die Altmarkt-Umgebung bietet neben dem wenig spannenden obligatorischen Großstadt-Einkaufs-Angebot von C&A, Douglas & Co. auch ein paar Gelegenheiten, einen guten Kaffee zu genießen – was ja bei einem Shopping-Marathon nicht zu unterschätzen ist ...

Nördlich des Altmarkts, die Schlossstraße hinunter zum Neumarkt mit der Frauenkirche, präsentieren die Geschäfte eine exklusivere Auswahl – ob es nun Schokoladenvariationen, Schreibwaren, Parfums, Uhren oder Bekleidung sind: Die Preise schnellen hoch, die Geschäfte werden exklusiver. Schicke Restaurants und Cafés mit Blick auf die Frauenkirche sind hier ohnehin in der Überzahl.

Neustadt-Gewächs Jacqueline Peevski hat's gerne farbenfroh. All ihre Hüte sind Unikate (Bautzner Str. 6).

Stöbern & entdecken

HÖRBARES

Gebrauchsvinyl
ZentralOhrgan 🛈 Karte 2, E 3
Als unmittelbare Nachwende-Gründung ist dieser Laden eine graue Eminenz in allen Fragen des rhythmusbetonten Musikgeschmacks. Rock und Pop ausschließlich auf Vinyl, nach neu und gebraucht sortiert. Klar, dass hier auch Dresdner Bands geführt werden. Von den Mitarbeitern erfahren Sie die dazugehörige Bandgeschichte.
Louisenstr. 22, T 0351 801 00 75, Tram 3, 6, 7, 8, 11: Albertplatz, Mo–Fr 11–20, Sa 10–16 Uhr

75 m2 Musik
Opus 61 🛈 Karte 2, E 3
Gut sortiertes Fachgeschäft für Klassik und Jazz – auch in Notenform oder aufbereitet für Kinder. Das Personal ist musikalisch versiert und weiß nach Vorsummen, was gemeint ist.
Bautzner Str. 6, T 0351 486 17 48, opus61-dresden.de, Tram 6, 11: Albertplatz, Mo–Sa 10–19 Uhr

Klassik, Kompetenz & Charisma
Sweetwater 🛈 J 4
Inhaber Tino Tuchs musikalisches Urteil zu Jazz, Pop und Klassik ist so fundiert, dass sich sein Stammpublikum gern von ihm die Musikauswahl zusammenstellen lässt.
Friedrich-Wieck-Str. 4, T 0351 264 12 70, www.sweetwaterjazz.de, Bus: 61, 63, 84: Körnerplatz, Mo–Fr 10–18, Sa 10–16 Uhr

LECKER UND GUT SOLL'S SEIN

Ein Genuss für Volk und Fürsten
Bäckerei Scheinert 🛈 K 3
Die Bäckerei ist ohnehin ein Geheimtipp. Glücklich, wer seine Sonntagsbrötchen hier beziehen kann. Und für einen guten Christstollen lohnt sich eine lange Anfahrt allemal. Ein Tipp: Der Qualitätsstollen lässt sich auch übers Internet bestellen.
Bautzner Landstr. 64, T 0351 268 38 74, www.stollensiegel.de, Tram 11: Am Weißen Adler, Di–Fr 7–18, Sa 7–11, So 7.30–10.30 Uhr

Alles Käse
Schlüter's Käseeck 🛈 Karte 2, E 3
Wie viele Käsesorten in den winzigen Laden von Thorsten Schlüter passen ist ein wahres Wunder – zumal auch noch Antipasti und der Obst- und Gemüsehandel seiner Mutter (ein wandelndes Rezeptarchiv!) Platz finden. Die würzigen Käse-Eigenkreationen sollten Sie unbedingt probieren!
Rothenburger Str. 44, Te 0351 801 40 83, Tram 13: Görlitzer Straße/Nordbad, Mo/Di 10–19, Mi–Fr 9–19, Sa 9–15 Uhr

Wo der Name Programm ist
Edelrausch 🛈 Karte 2, E 3
Kaum ein Weinbaugebiet zwischen Sachsen und Australien, das nicht repräsentiert wäre. Dazu passen die

ÜBRIGENS

Nach der Augustusbrücke empfangen der Goldene Reiter und die platanenbestandene Hauptstraße die Passanten. Zwischen ihr und der Königstraße liegt das kleine Barockviertel der **Inneren Neustadt** mit seinen schmalen Gässchen voller wunderbarer Entdeckungen: Hier edle Stoffe, dort Antiquitäten, da die Kollektionen ausgesuchter Modelabels. Und dazwischen zahlreiche Gelegenheiten, die Ruhe des Viertels wirken zu lassen. Der Kontrast zum Gewusel auf den Straßen der **Äußeren Neustadt** könnte kaum größer sein. Vom Albertplatz aus führt die Alaunstraße in das Gründerzeit- und Szeneviertel, das auch 20 Jahre nach der Wende nichts von seinem Aufbruchs-Charme verloren hat. Kein Konzept ist zu skurril, Upcyceln, Fairtrade und 2nd Hand scheinen hier erfunden worden zu sein. Ob Müsliladen oder Gruftiezubehör: Kleine Modelabels, Wohn- und Schmuckdesigner testen in der Neustadt, wie neue Ideen ankommen.

Stöbern & entdecken

In der Äußeren Neustadt werden immer wieder neue spannende Läden eröffnet. Manche bestehen, andere vergehen – das Flair bleibt.

feinen Käse- und Antipastisorten in der Frischetheke. Auch sonst sind edle Zutaten (Chutneys, Pasta, Öle etc,) für zünftiges heimisches Kochen erhältlich.
Bautzner Str. 21, T 0351 81 03 37 11, www.edelrausch.de, Tram 6, 11: Albertplatz, Mo–Fr 10–20, Sa 10–17 Uhr

Tante Emma, reloaded
Ecke Nord 🛍 Karte 2, E 2
Natürlich hat die Neustadt einen Tante-Emma-Laden, und natürlich ist dort alles ein bisschen anders als früher: Die Produkte sind Bio, fairtrade oder mindestens aus Dresdner Anbau. Hier gibt's die lokal abgefüllte Kolle-Mate und Zotrine-Limo, regelmäßig Jazzkonzerte oder Tango, mittags Suppe und immer einen Kaffee.
Frühlingsstr. 22, T 0351 32 01 27 82, www.eckenord.de, Tram 13: Alaunplatz, Mo–Fr 9–20, Sa 9–18 Uhr

Dresdens KaDeWe
Karstadt Feinkost 🛍 D 5
Im Untergeschoss von Karstadt breitet sich Dresdens größte Feinkostabteilung aus. Das Fischangebot ist erstklassig, und auch sonst fällt die Wahl schwer. Biowaren haben ihren eigenen Bereich.
Prager Str. 12, T 0351 861 21 92, www.perfetto.info, Tram 8, 9, 11, 12: Prager Straße, Mo–Sa 9.30–20 Uhr

Sehen, riechen, schmecken
Zaffaran – Gewürzatelier und Café 🛍 Karte 2, E 3
Die beiden Inhaberinnen suchten in Dresden nach guten Gewürzen und gründeten schließlich selbst dieses Lädchen. Auf den Regalen steht die Welt traulich zusammen, indische neben arabischen, afrikanischen, südamerikanischen Würzmischungen und Solisten. Das

Da war doch noch was … der **erzgebirgische Weihnachtsschmuck!** Dresden ist Hauptumschlagplatz dafür. In der Beratungsstelle des Landesvereins Sächsischer Heimatschutz (🛍 Karte 2, D 5) gibt es eine kleine Auswahl ausgesuchter schöner holzgeschnitzter Tiere, Engel, Bergmänner und Nussknacker (im Landhaus an der Ecke zur Friesengasse, www.saechsischer-heimatschutz.de, Mo/Di, Do/Fr 9–17, Mi 9–18 Uhr).

Stöbern & entdecken

Kaffee- und Kuchenangebot liefert ein paar würzige Kostproben.
Martin-Luther-Str. 20, www.zaffaran.de, Tram 11: Pulsnitzer Straße, Di–Fr 11–18, Sa 10–14 Uhr

VIELFÄLTIGES (FLOH-)MARKTTREIBEN

Von der Schraube bis zum Schrank
Altes Heizhaus Dresden
Karte 2, D 3

Was bei Abriss- und Beräumungsarbeiten so anfällt, plus Restposten, plus anderweitig Angespültes steht in den ehemaligen Kohlenhallen der Dental-Kosmetikfabrik und wartet auf die Zweitverwertung, gern bei einem Bier als Ideengeber. Nur der Pflanzenverkauf ist direkt vom Gärtner.
Stetzscher Str. 4, T 0172 366 67 96, www.theresienhof-dresden.de, Mo–Fr 10–18, Sa 10–15 Uhr

Alles außer langweilig
Elbeflohmarkt Karte 2, E 4

Ein Tipp für schönes Wetter: Dann bieten bis zu 600 Händler am Elbufer von teuren Antiquitäten bis zu abgestandenem Hausrat alles an, was einen verkäuflichen Eindruck macht. In jedem Fall faszinierend.
Käthe-Kollwitz-Ufer/Albertbrücke, www.melan.de, Tram 6, 13: Sachsenplatz, Sa 7–16 Uhr

Immer wieder samstags
Kunst-, Antik- und Trödelmarkt
Karte 2, D 4

Jeden Sonnabend füllt sich der Parkplatz hinter dem Haus der Presse mit professionellen Standbetreibern und solchen, die nur mal eben Aussortiertes loswerden wollen. Vorteil: Eine Halle erlaubt wetterunabhängiges Stöbern (im Winter in der Neustädter Markthalle).
Devrientstraße, T 0351 48 64 24 43, Tram 11: Kongresszentrum, April–Okt. Sa 9–15 Uhr, Nov.–März Neustädter Markthalle, Sa 9–16 Uhr

Frisch auf den Tisch
Sachsenmarkt E 5

Dresdens größter und beliebtester Wochenmarkt, auf dem Erzeuger der Umgebung Blumen, Fleisch, Käse und Brot verkaufen. Oft Bio, oft erstaunlich preiswert.
Lingnerallee, www.dresden.de, Tram 10, 13: Großer Garten, Fr 8–17 Uhr

ES IST SO SCHÖN ...

Originalgrafik und Papeterieware
art+form Karte 2, E 3

Gegründet als Galerie und Rahmenwerkstatt, ist die Auswahl an Originalgrafik und -fotografie nach wie vor beträchtlich. Doch das riesige Angebot an Papierwaren, Kalendern und anderem unwiderstehlichen Krimskrams macht inzwischen den eigentlichen Charme aus.
Äußere Neustadt, Bautzner Str. 11, T 0351 803 13 22, www.artundform.de, Tram 6, 11: Albertplatz, Mo–Fr 10–20, Sa 10–18 Uhr.

Ein Elefant im Porzellanladen ...
ELEFimP Karte 2, E 3

Unter Anne Rößlers Händen wird das ›Oma-Material‹ Porzellan zu einem topaktuellen Design-Werkstoff. Ihre Küchenbehälter, Wandmodule, Schmuckstücke und nicht zuletzt die Elefanten sind stets erwerbsgefährdet. Wer der Materie näher kommen will, kann das bei einem der Mittwochs-Workshops

Ganz der Gentleman: Hipster nach erfolgreichem Flohmarkt-Stöbern.

Stöbern & entdecken

Rothenburger Str. 33, T 0162 219 79 18, www.elefimp.de, Tram 13: Görlitzer Straße, Mo–Fr 14–19, Sa 12–18 Uhr

Unschuldslämmer, Grünschnäbel & Stupshasen
Atelier Kleinod 🅰 J 4
Schmuckgestalterinnen, Töpferinnen, Restauratorinnen und andere Kleinkünstler haben sich zwecks optimaler Warenpräsentation zusammengetan. Zu haben sind Dinge mit dem berühmten Etwas – oft als Unikate. Sehr passend erscheint mir ein Spruch auf einer der Kleinod-Karten: »Muss das sein?« fragt der Verstand. »Nein«, sagt das Herz, »aber es ist so schön!«
Dammstr. 1, T 0173 981 08 33, kleinod-dresden.blogspot.com, Bus 61, 63, 84: Körnerplatz, Di–Fr 10–18.30, Sa 10–14 Uhr

Erzgebirgisch-Handgedrechseltes …
Wendt & Kühn 🅰 Karte 2, D 5
… das bedeutet beispielsweise elf weiße Punkte pro grünem Flügelchen, dazu kugelrunde Engelköpfchen und -fäustchen. In diesem Laden ist die ganze Produktpalette der erzgebirgischen Traditionsmanufaktur Wendt & Kühn zu finden, dazu all die anderen (oft preisgekrönten) Holzgestalter aus dem Erzgebirge, die dem Weihnachtsthema immer neue Engel-, Pyramiden- und Räuchermann-Formen abringen. Das Lädchen ist nicht nur im Winter ein heißer Tipp!
Landhausstr. 6, T 0351 48 19 67 66, tradition-form.de, Tram 1, 2, 4: Pirnaischer Platz, Mo–Fr 11–19 Uhr

MODE & MEHR

Mädchenhaftes im Kleiderparadies
Lindegrün 🅰 Karte 2, E 3
Neben den üblichen Verdächtigen wie Blutsgeschwister, Bench oder Viva Maria gibt es hier Kreationen der eigenen Modemarke Lindegrün – mädchenhaft, originell, mit einfachen Schnitten und sehr tragbar.
Alaunstr. 18, T 0 351 32 30 47 80, www.lindegruen.de, Tram 6, 11: Albertplatz, Mo–Fr 11–20, Sa 10–19 Uhr

Fußtastisch
Preiß Legere 🅰 Karte 2, E 2
Maßschuhe – ist das ein Zeichen für Gentrifizierung? Oder eines für preiswerte Mieten, die Experimente zulassen? Was Schuhe angeht, experimentiert Alexander Preiß allerdings kein bisschen. Kundenwunsch, Lederproben, Anprobe, Probeschuh – was danach an die Füße kommt, sitzt und sieht genau so aus, wie man es jahrelang vergeblich gesucht hat.
Alaunstr. 87, T 0351 160 89 62, www.preisslegere.de, Tram 13: Alaunplatz, Mi–Fr 11–13, 14–20, Sa 11–15 Uhr

Dresdens wiedergefundene Zeit
A. Lange & Söhne 🅰 Karte 2, D 4
Besuchen Sie den Mathematisch-Physikalischen Salon im Zwinger: Er erzählt von der kurfürstlichen Leidenschaft für Präzisions-Messinstrumente. In seinem Fahrwasser gründeten Feinmechaniker südlich von Dresden in Glashütte ihre Manufakturen. A. Lange & Söhne gibt es seit dem frühen 19. Jh. und gehört heute zu den Platzhirschen unter den Herstellern mechanischer Uhren. Die edle Ladenausstattung stammt übrigens von den Hellerauer Werkstätten aus Dresdens Norden.
Töpferstr. 8 im QF, T 0351 481 85 051, www.alange-soehne.de, Tram 1, 2, 4: Altmarkt, Mo–Sa 10–19 Uhr

Der Frauen Gespür für Handwerk
Atelier für Einzelstücke
🅰 Karte 2, D 4
Perfekte Form, perfekt verarbeitet: Das gilt sowohl für die robusten Leder- als auch eleganten Gobelin-Taschen von Kathi Halama. Die Chemnitzer Textilgestalterin lässt sich von der sächsischen Textiltradition inspirieren und in sächsischen Manufakturen fertigen. Dazu kommen noch die schlicht-raffinierten (meist) silbernen Schmuckstücke der Designerin Sandra Coym – und wieder ist die Liste von Dingen, die man unbedingt braucht, ein Stück länger.
Obergraben 15, T 0351 323 17 06, sandracoym.de, Tram 4, 8, 9: Neustädter Markt, Di/Mi 10.30–15, Do/Fr 10.30–19, Sa 10–15 Uhr

Stöbern & entdecken

IM HOF DER TIERE UND ELEMENTE

Stundenlanges Stöbern versprechen diverse Lädchen in der **Kunsthof-Passage** (Karte 2, E 3) in der Äußeren Neustadt. Die fünf Höfe mit so malerischen Namen wie ›Hof der Tiere‹, ›Hof der Fabelwesen‹ oder ›Hof der Elemente‹ gestalteten junge Künstler Ende der 1990er-Jahre (www.kunsthof-dresden.de).

Ein Auszug aus dem Sortiment:

Atelier Sabine Vittinghoff
Herrlicher Krimskrams – ein bisschen Wohndeko, ein bisschen Geschirr, ein paar Accessoires. Der Star ist eine überkandidelte Fruchtfliege, die die Atelierbesitzerin als bunte Zeichnungen auf Tassen, Karten, Frühstücksbrettchen herumlümmeln lässt.

Blue Child
Papier – das sind Dekore, Prägungen, Blattstärken und viele, viele Einfälle, was sich daraus machen lässt. Dazu kommt edles Zubehör von der Kaligrafiefeder bis zum Siegelwachs. Wenn Sie sich intensiver mit dem Thema beschäftigen möchen und länger da sind: **Buchbinderkurse** gibt's auch.

In Blüte
Wie wenig es braucht, um aus einem Tisch-Stuhl-Ensemble einen kleinen Garten zu machen, zeigen Ihnen diese Floristinnen. Immer dabei: ein ungewöhnlicher Zweig, eine kultige Topfpflanze (die man bis dahin für angestaubt hielt), eine Kerze, die auch noch mit muss …

Mrs. Hippie
Sie haben diese Klamotten noch nirgendwo gesehen? Kunststück, der Laden produziert seine eigenen Label mit praktischen, tragbaren Sachen mit gewitzten Details, made in der EU, Bio, in kleinen Stückzahlen. Und das allergrößte Kunststück: Die Sachen sind trotzdem bezahlbar.

Klassische Altstadt versus junge Neustadt

Einfach zu merken: Dresdner Neustadt und Altstadt sind für zwei unterschiedliche Unterhaltungsprogramme am Abend zuständig. Während in der Äußeren Neustadt die Feierwütigen aus jeder Kneipe schwappen und die engen Bürgersteige von Menschenpulks verstopft werden, ist die Situation in der Altstadt übersichtlich und ein Platz an der Bar leicht zu ergattern.

Dafür spielt in der Altstadt zwischen Altmarkt, Theaterplatz und – seit Neuestem – dem Kraftwerk Mitte die Hochkultur. Denn in Dresdens ehedem größte Kulturbaustelle zogen die neuen Häuser der Staatsoperette und des Theaters Junge Generation ein, knapp 800 m westlich vom Zwinger. Auf dem Gelände des alten Heizkraftwerks Mitte tauschte man spätestens zur offiziellen Eröffnung im Dezember 2016 Bauschuhe und Helm gegen Ballettschuh und Mikro. Auf der Weißen Gasse und dem Neumarkt rund um die Frauenkirche können Sie nach Oper-, Konzert- oder Theaterbesuch auf einen Wein oder Cocktail einkehren – in Laufweite, in erprobter Qualität und zu gediegenen Preisen.

In der Neustadt dagegen stammt das Bier in der Hand gern aus den zahlreichen Spätshops (›Spätis‹), die ihre Öffnungszeiten denen der Lokale rundherum angepasst haben. Doch auch die Bars verlangen keine übertreuerten Preise. Nur: Manchmal gelangt man eben nicht so leicht bis zum Tresen…

ZUM SELBST ENTDECKEN

Elbe-Abende
Altersgemischt, idyllisch und deutlich genussorientiert geht es in Loschwitz in den Cafés, Weinstuben und Biergärten am Blauen Wunder zu – das Leben der Bohème, die zu DDR-Zeiten die damals ruinösen, inzwischen längst unbezahlbaren (renovierten) Fachwerkhäuser besiedelte, wirkt nach.

www.cybersax.de
Übersichtliche Website zum aktuellen Nachtgeschehen. Das Print-Äquivalent ist das Stadtmagazin »SAX«.
www.banq.de
Hier finden Sie die Subkultur-Termine in übersichtlicher Aufteilung.
www.sz-online.de/verlag/augusto
»Augusto« heißt die donnerstägliche Veranstaltungsbeilage der »Sächsischen Zeitung«, hier sind die Tipps im Netz zu finden.

Kurze Rast beim Kneipenbummel in der Neustadt – denn der kann dauern …

Wenn die Nacht beginnt

BARS & KNEIPEN

Mehr Plüsch als Bitter
Gin Bar ☼ Karte 2, D 4
Die Bar am Neumarkt ist ideal gelegen, um Aufführungen in Semperoper, Schauspielhaus & Co. bei alkoholischen Besonderheiten mit Wachholder nachklingen zu lassen. Zu früh betreten verführt die rotsamtene Ausstattung zusammen mit dem Zigarren-Angebot dazu, die Eintrittskarten verfallen zu lassen.
Rampische Str. 9, T 0351 41 72 70, www.dresden-ginhouse.de, Tram 1, 2, 4: Altmarkt, tgl. ab 17 Uhr

Klassische Cocktail-Kultur
Karl May Bar ☼ Karte 2, D 4
Wie alles im Kempinski-Hotel ist auch die Bar mit Holzpaneelen und lederbezogenen Polstern stilvoll, nobel und geschmackssicher. Freitags und samstags wird Klavier-Livemusik geboten (ab 21 Uhr).
Im Taschenbergpalais, Kleine Brüdergasse, T 0351 491 27 20, www.kempinski.com, Tram 1, 2, 4, 8, 9, 11, 12: Postplatz, tgl. 18–2 Uhr

Seele baumeln lassen
Rauschenbach Deli ☼ Karte 2, D 5
Die elegante Einrichtung passt zum Frühstück ebenso wie zur abendlichen Cocktailkarte. Ideal für Pausen beim Altstadtbesuch, für lange Gespräche, fürs Wohlfühlen.
Weiße Gasse 2, T 0351 821 27 60, www.rauschenbach-deli.de, Tram 1, 2, 3, 4, 7, 8: Pirnaischer Platz, tgl. ab 9, Mo–Mi, So bis 24, Fr/Sa bis 2 Uhr

Herrlich schräger Shabby Chic
Hebedas ☼ Karte 2, E 3
Die Kneipe besteht seit 1914 und teilt das Schicksal geliebter Kuscheltiere: abgegriffen, aber unentbehrlich. Das Retro-Design aus einer früheren Renovierung sieht inzwischen auch wieder original aus. Am Wochenende wird im Hinterzimmer getanzt. Oder auf der Straße davor.
Rothenburger Str. 30, T 0351 895 10 10, www.hebedas.de, Tram13: Görlitzer Straße, tgl. ab 19.30 Uhr

Cocktail-König
Pinta Bar ☼ Karte 2, E 3
In der ältesten Cocktailbar der Neustadt wird noch immer beispielgebend gerührt, geschüttelt und gemixt. Und die Bar-Atmosphäre stimmt auch.
Louisenstr. 49, T 0351 810 67 61, www.pinta-cocktails.de, Tram 13: Görlitzer Str., tgl. ab 19 Uhr

Stammkneipe
Sidedoor ☼ Karte 2, E 3
Klassische Bar im amerikanischen Stil, deren sympathischen Barkeeper schuld sind, dass es längst mehr Stammgäste als Plätze gibt. Oft mit Livemusik. Immer mit Nikotin.
Böhmische Str. 38, T 0179 685 64 40, www.sidedoor.de, Tram 13: Görlitzer Straße, tgl. ab 20 Uhr

LIVEMUSIK

Lebende Legende
Beatpol ☼ westlich A 3
Da nutzt es gar nichts, dass der Originalstuck des Jahrhundertwende-Ballsaals noch an der Decke klebt: Dieser Schuppen (der frühere legendäre Starclub!) mitten in der Nachtleben-

Das **Internationale Dixieland Festival** lässt schon seit bald 50 Jahren das alte New Orleans lebendig werden. Passend dazu werden sämtliche Schaufelraddampfer von Banjo, Saxophon und Waschbrett okkupiert. Auch Open Air-Gala im Großen Garten, Jazzmeile und Parade durch das Stadtzentrum sorgen dafür, dass jeder im Oldtime-Jazz-Takt wippt, ob gewollt oder nicht. Tipp: Überlegen Sie nicht, ob das vielleicht uncool sein könnte – einfach mit guter Laune anstecken lassen (2. Mai-Wochenende, www.dixielandfestival-dresden.de).

Wenn die Nacht beginnt

»Internationales Festival für Theater, Vergnügen und Musik« lautet der offizielle, alles umfassende, aber sehr lange Titel des Scheune-Schaubudensommers.

Diaspora Altbriesnitz atmet Rock und inzwischen ist sein Ruf legendärer als der der Bands, die hier spielen.
Altbriesnitz 2a, T 0351 421 03 97, www.beatpol.de, Tram 1, 12: Cossebauder Straße

Mutter der Dresdner Subkultur
Scheune ☼ Karte 2, E 3
In der Scheune spielten schon zu DDR-Zeiten Punkbands, die es offiziell gar nicht gab. Seitdem hat sie sich ihren Ruf als Bühne für Subkulturen bewahrt. Regelmäßig Lesebühne und Konzerte. Vegetarisch: das Scheune-Café mit Biergarten. Genial: der Scheune-Schaubudensommer im Juli.
Alaunstr. 36–40, T 0351 32 35 56 40, www.scheune.org, Tram 3, 6, 7, 8, 11: Albertplatz, Café Mo–Fr ab 17, Sa/So, Fei ab 9 Uhr

The whole night long
Blue Note ☼ Karte 2, E 3
Obwohl das Publikum, das die Jazz- und Blueskonzerte besucht, nicht zwingend identisch ist mit dem, das sich in den Morgenstunden hier auf ein allerletztes Bier einfindet, ist das Blue Note bei Nachtschwärmern und Musikliebhabern gleichermaßen legendär.
Görlitzer Str. 2b, T 0351 801 42 75, www.jazzdepartment.com, Tram 13: Görlitzer Straße, tgl. 20–5, Konzerte 21–23 Uhr.

From Dusk till Dawn
GrooveStation ☼ Karte 2, E 3
Wenn Rock, dann Schweinerock, wenn Reggae, dann Speed Reggae, wenn Disco, dann mit einem großen Schuss Balkan: In der GrooveStation wird das Bier immer schneller, lauter, härter über den Tresen gereicht als anderswo. Der Laden ist auch Austragungsort exzessiver Billard- und Tischfußball-Partien! Nicht lange fackeln – einfach mitmachen.
Katharinenstr. 11–13, T 0351 802 95 94, www.groovestation.de, Tram 3, 6, 7, 8, 11: Albertplatz

Wenn die Nacht beginnt

Heilige Hallen
Alter Schlachthof ☼ Karte 2, D 2/3
Die beiden Hallen des Schlachthofes sind schon unter Rock-, Reggae-, Hip-Hop- und Klassik-Pop-Crossovern erzittert. Das Programm umfasst neben Konzerten auch Komiker-Abende und Lesungen.
Gothaer Str. 11/Ecke Leipziger Straße, T 0351 43 13 10, www.alter-schlachthof.de, Tram 4, 9: Alter Schlachthof

---
STADT-SPEZIFISCHES

»Bayreuth der Beine«
Festspielhaus Hellerau ☼ Karte 4
Kulturelles Experimentierfeld mit tiefen Wurzeln: Um 1912 wirkten hier der Bühnenreformer Adolphe Appia, der Rhythmiker Émile Jaques-Dalcroze und die Tänzerin Mary Wigman. Heute sorgt das Haus als Europäisches Zentrum der Künste dafür, dass zeitgenössische Ausdrucksformen für Tanz und Theater in Dresden eine gute Bühne haben – und die Dresden Frankfurt Dance Company ein Stammhaus.
Karl-Liebknecht-Str. 56, Hellerau, T 0351 264 62 46, www.hellerau.org, www.dresdenfrankfurtdancecompany.com, Tram 8: Festspielhaus Hellerau

Gänsehaut-Gesang
Kreuzchor/Kreuzkirche
☼ Karte 2, D5
Der Kreuzchor hat mit seinem 800-jährigen Bestehen die längste ungebrochene musikalische Traditionslinie in Dresden. Wenn er in voller Stärke auftritt, singen 120 Jungen im Alter zwischen neun und 19 Jahren. Bei den meisten Konzerten und den Vespern in der Kreuzkirche sind es 80 – immer noch mehr als genug, um sich in ihren Stimmen zu verlieren.
An der Kreuzkirche 6, T 0351 439 39 39, www.kreuzchor.com, Tram 1, 2, 4: Altmarkt

Urgestein für Jazzmusik
Jazzclub Tonne ☼ Karte 2 E 4
Die Tonne ist ein Urgestein für Jazzmusik! Sämtliche internationalen Strömungen waren schon auf ihrer Bühne vertreten, und nun ist sie nach langen Kompromisslösungen auch endlich wieder in ihren angestammten Räumen zu Hause: dem alten Tonnengewölbe unter dem Kurländer Palais.
Altstadt, Tzschirnerplatz 3–5, T 0351-8026017, www.jazzclubtonne.de, S 1, 2, 3, 4, 7, 8: Pirnaischer Platz

Kabarettisten warnen: »Freibier wird teurer!«
Die Herkuleskeule ☼ Karte 2, D 5
Das Ensemble fand zu DDR-Zeiten seine politsatirischen Themen im real existierenden Sozialismus. Dass es auch nach der Wende noch genügend Gründe zum Lachen gibt, zeigt es ab April 2017 auf einer neuen Bühne: dem Zentrum ein Stück näher im Kulturpalast.
Schloßstr. 1, T 0351 492 55 55, www.herkuleskeule.de, Tram 1, 2, 4: Altmarkt

---

> **FRÜHLING DER MUSIK**
>
> Das Programm der **Dresdner Musikfestspiele** steht jedes Jahr unter einem neuen Thema, zu dem Festivalleiter Jan Vogler international renommierte Orchester und Musiker der Klassikszene einlädt. Die hochkarätigen Konzerte sind dann an den ungewöhnlichsten Orten zu hören (Mai–Juni, www.musikfestspiele.com).

EINFACH TANZBAR

So bunt wie seine Geschichte
Altes Wettbüro ☼ Karte 2, D 3
Das Alte Wettbüro war schon vieles: Künstlercasino in den 1950er-Jahren, DDR-Verlagsgebäude und klassisches Wettbüro in den 1990ern. Heute ist es manchmal nur Kneipe (im Sommer auch mit Sommerküche), aber am Wochenende wird getanzt – immer! Zu Soul, Funk, Drum'n'Bass, Lieblingsliedern oder zur Livemusik einer Band. Weitere Programmpunkte: Modeschauen, Film …

Wenn die Nacht beginnt

SO VIEL ZUR HOCHKULTUR

Dresden hat Hochkultur. In der **Semperoper** dirigiert Christian Thielemann die **Sächsische Staatskapelle** durch seine fünfte Spielzeit. Die **Dresdner Philharmonie** bekommt gerade einen neuen Saal mit einer Akustik deluxe im Kulturpalast. Mit dem **Theater Junge Generation** und der **Sächsischen Staatsoperette** holt die Stadt zwei Bühnen von der Peripherie ins Zentrum: auf das Gelände des alten Heizkraftwerks Mitte in bequemer Laufweite vom Zwinger. Nun werden die Musicals, die Operetten und das Kinder- und Jugendtheater jede Menge Leben in die alten Maschinenhallen des **Kraftwerks** bringen. Die Studenten der **Musikhochschule Carl Maria von Weber** haben bereits jetzt im ehemaligen **Lichtwerk** ihre Probenräume bezogen. Und dann ist da noch Jan Vogler, Intendant der **Dresdner Musikfestspiele.** Alljährlich im Mai und Juni lädt er renommierte Musiker und Orchester nach Dresden, die der Stadt einen konzentrierten Überblick auf die internationale Klassikszene geben – und findet dafür immer wieder neue, ungewöhnliche Themen und Orte. Die Theaterdichte der Innenstadt ist ebenfalls riesig: Neben dem Flaggschiff **Staatsschauspiel** mit Großem Haus für den großen Auftritt und Kleinem Haus für Experimente ist da das seriöse **Societaetstheater,** der selbstironische **Theaterkahn,** das **Boulevardtheater** mit seinen Schenkelklopfern etc. pp. Die Spielpläne finden Sie hier:
www.semperoper.de
www.dresdnerphilharmonie.de
www.tjg-dresden.de
www.staatsoperette-dresden.de
www.societaetstheater.de
theaterkahn.de, boulevardtheater.de
www.kulturkalender-dresden.de

Antonstr. 8, T 0351 658 89 83, www.altes-wettbuero.de, Tram 3, 6, 7, 8, 11: Albertplatz, Küche: Mo–Fr 11–15, 17–22, Sa/So 16–22 Uhr, Hauptgerichte 9–15 €

Wiener Walzer in Wachwitz
Gare de la Lune ☼ K 6
In dem Ballsaal mit Jahrhundertwende-Flair wird getanzt: klassischer Walzer, Swing mit viel Körpereinsatz, schrittsicherer Tango. Zum Glück geben Tanzlehrer bei manchen Terminen eine Einführung.
Pillnitzer Landstr. 148, T 0351 267 85 54, www.gare-de-la-lune.de, Bus 63: Altwachwitz

Schräger Tanzboden
Saloppe Sommerwirtschaft ☼ G 3
Der lauschige Biergarten im Grünen entwickelt sich abends zu einer höchst beliebten Disco mit den Hits der letzten 30 Jahre; Dirty Dancing und Rock'n'Roll eingeschlossen. Außerdem: Klassik zum Chillen, local Heros und Komiker.
Brockhausstr. 1, Radeberger Vorstadt, T 0172 353 25 86, www.saloppe.de, Tram 11: Wilhelminenstraße, Mai–Sept. Mo–Fr ab 17, Sa/So ab 12 Uhr

Geht immer
Down Town ☼ Karte 2, E 3
Rekrutiert seit 1995 immer neues Jungvolk, das zum freitäglichen Nachtfieber oder zur sonnabendlichen Disco-Reihe im Untergeschoss einer kleinen ehemaligen Hinterhoffabrik verschwindet. Oben drüber gibt es mit der **GrooveStation** ein musikalisches Kontrastprogramm.
Katharinenstr. 11, T 0351 811 55 92, www.downtown-dresden.de, Tram 3, 6, 7, 8, 11: Albertplatz, Fr/Sa ab 22 Uhr

Rocking 50s
Rosis Amüsierlokal ☼ Karte 2, E 2
Der Name lässt es erahnen: Die Reeperbahn stand Pate bei der Ausgestaltung des Etablissements. In der sorgfältig arrangierten Kietzkneipe gehören Rock'n'Roll und Rockabilly-assoziierte Konzerte zum guten Ton
Eschenstr. 11, T 0351 500 53 05, www.rosis-dresden.de, Tram 7, 8: Louisenstraße, tgl. 20–5 Uhr

Wenn die Nacht beginnt

KINOS: KLEIN, GROSS, DRAUSSEN

Natürlich hat die Neustadt ein Programmkino, und zwar das **Filmtheater Schauburg** (Karte 2, E 2), und natürlich hat das drei Säle. Die altgediente Schauburg wurde als eines der ersten Kinos in Dresden 1927/28 erbaut. Die letzte Modernisierung ist lange her, aber wie das so ist: Der Schrappel-Charme fällt erst auf, wenn man eine Weile nicht da war. Was wegen der vielen guten Filme aber nie passiert.
www.schauburg-dresden.de

Cinema, Coffee and Cigarettes – mit dem **Thalia** (Karte 2, E 3), einem Ein-Saal-Programmkino, hat die Neustadt gleich noch ein zweites spannendes Kino aufzubieten. Das Filmangebot ist klein und fein, außerdem gibt es eine sehr gemütliche Bar. Sie werden gar nicht mehr weg wollen …
www.thalia-dresden.de

Den Aufbruch in die Moderne markiert das **Programmkino Ost** (J 6), ein schickes, neues Kino mit drei Sälen, eleganter Bar und einem exquisiten Filmgeschmack, der sich auch in guten Themenreihen zeigt.
www.programmkino-ost.de

Der **UFA-Kristallpalast** (D 5) ist auch im Hellen schön: Die atemberaubende Architektur des Multiplexkinos mit acht Sälen stammt vom österreichischen Architekturbüro Coop Himmel(b)lau. Gleich daneben liegt übrigens das **Rundkino** in hochinteressanter 1970er-Jahre-Architektur (www.cineplex.de/dresden).
www.ufa-dresden.de

Mit einem Wahnsinns-Panorama hinter der Leinwand können die **Filmnächte am Elbufer** (Karte 2, D 4) punkten. Das Open-Air-Kino mit großer Bühne für Konzerte aller Art markiert jedes Jahr den Sommerbeginn. Nicht nur das Gelände der Filmnächte vor dem Finanzministerium belebt sich, auch die Elbwiesen links und rechts davon.
www.filmnaechte.de

Hin & weg

IN DRESDEN ANKOMMEN

Der **Flughafen** (Karte 5, B 1) liegt 9 km nördlich des Stadtzentrums in Dresden-Klotzsche.

Vom Flugplatz in die Stadt
Vom Bahnsteig im Untergeschoss fährt alle halbe Stunde die S-Bahn zum Bahnhof Neustadt (12 Min.) und zum Hauptbahnhof (20 Min.). Die Buslinie 77 mit Haltestelle vorm Terminal fährt alle 20 Min. zur Haltestelle Infineon-Nord (7 Min.), von dort braucht die Straßenbahnlinie 7 (Richtung Pennrich) ca. 15 Min. in die Neustadt bzw. ca. 25 Min. bis zum Pirnaischen Platz im Stadtzentrum. Die Buslinie 80 (Richtung Bahnhof Klotzsche) fährt alle 20 Min. zum Käthe-Kollwitz-Platz (10 Min.) und stößt dort ebenfalls auf die Linie 7.
Taxis: T 0351 211 211, eine Fahrt ins Zentrum kostet ca. 27 €, www.taxi-rechner.de

Information: www.dresden-airport.de, T 0351 881 33 60

Vom Bahnhof in die Stadt
Züge aus östlicher, nördlicher und nordwestlicher Richtung kommen zuerst am Bahnhof Dresden-Neustadt an, aus Südosten, Süden und Südwesten am Hauptbahnhof.
Nahe am Stadtzentrum liegt der Hauptbahnhof. Bis zur Frauenkirche sind es 1,6 km zu Fuß oder zwei Straßenbahn-(Tram)-Haltestellen bis zum Pirnaischen Platz oder dem Postplatz.
Auskunft Hbf: T 0351 461 10 55, DB-Info vor Ort tgl. bis 24 Uhr, www.bahnhof.de

Fernbus-Haltestellen
Dresden hat keinen Busbahnhof. Fernbusse halten üblicherweise auf der Bayrischen Straße hinter dem Hauptbahnhof, an der Hansastraße hinter dem Bahnhof Neustadt und an der Flughafenstraße vor dem Flughafen-Terminal.

SICHERHEIT UND NOTFÄLLE

Notruf, Erste Hilfe: T 112
Polizei: T 110
Ärztlicher Bereitschaftsdienst: T 0351 192 92, www.kvs-sachsen.de
ADAC-Pannenhilfe: T 0180 222 22 22 (in allen Mobilfunknetzen: 22 22 22)
Sperr-Notrufnummer für Kredit-, EC- und Mobilfunkkarten:
T 116 116, www.sperr-notruf.de
Dresden ist eigentlich harmlos, nur rund um den Striezelmarkt im Dezember steigt die Quote der Taschendiebstähle.
Österreichisches Honorarkonsulat: T 0351 481 70 40, www.konsulat-dresden.de
Schweizerisches Honorarkonsulat: T 0351 43 83 29 90, www.eda.admin.ch

---

INFORMATIONEN

Dresden Information: T 0351 50 15 01 (Mo–Sa 9–18 Uhr), www.dresden.de/tourismus
Tourist-Information an der Frauenkirche: im Quartier an der Frauenkirche (QF), Neumarkt 2, April–Dez. Mo–Fr 10–19, Sa 10–18, So 10–15 Uhr, Jan.–März Mo–Fr 10–18, Sa 10–16, So 10–14 Uhr
Tourist-Information im Hauptbahnhof: Wiener Platz 4, Mo–So 8–20 Uhr

DRESDEN WELCOME CARDS

Die Cards sind eine Kombination aus Fahrschein für Bus und Bahn und Eintrittskarte bzw. Rabatt für zahlreiche Museen, Stadtführungen, Theater und Restaurants. Sie sind in den Tourist-Informationen im QF an der Frauenkirche, im

Hin & weg

FESTE UND FESTIVALS, ZU DENEN SICH DIE ANREISE LOHNT

Dresdner Musikfestspiele: internationales Festival Klassischer Musik mit hochkarätigen Konzerten an verschiedenen Orten (Mai, Juni, www.musikfestspiele.com).
Internationales Dixieland Festival Dresden: Openair-Sessions im Stadtzentrum und große Parade (Mitte Mai, www.dixieland.de).
Bunte Republik Neustadt: alternatives Stadtteilfest der Äußeren Neustadt (s. Foto oben; 3. Juni-Wochenende, www.bunterepublikneustadt.de, www.brn-dresden.de).
Elbhangfest: Das Fest feiern die Hangbewohner von Loschwitz bis Pillnitz in Eigenregie (letztes Juni-Wochenende, www.elbhangfest.de.)

Filmnächte am Elbufer: Open-Air-Leinwand und -bühne für Filme und Popkonzerte am Königsufer (Juli, Aug., dresden.filmnaechte.de).
Scheune-Schaubudensommer: mit Gauklern, Musikern und Artisten hinter der Scheune in der Neustadt (Anfang Juli, www.schaubudensommer.de).
Ostrale: temporäre Ausstellung zeitgenössischer Kunst auf dem Gelände des alten Schlachthofs im Ostragehege (Juli–Sept., www.ostrale.de).
Striezelmarkt und andere Weihnachtsmärkte: Ab dem Donnerstag vor dem 1. Advent wird die ganze Stadt zum Weihnachtsmarkt (Dez., www.dresden.de/striezelmarkt).

Hin & weg

Im Abendlicht: Kanuten auf der Elbe bei Pillnitz

Hauptbahnhof und an den Servicepunkten der DVB oder per Online-Bestellung erhältlich (ab 10 €/24 Std., www.dresden.de/dresdencard).

REISEN MIT HANDICAP

www.dresden.de/barrierefrei
Online-Stadtführer zu Gegebenheiten vor Ort, Stadtpläne für Menschen mit Mobilitätseinschränkungen; Broschüre »Sachsen barrierefrei«
Infos zu Haltestellen, zu Bus und Straßenbahn: www.dvb.de/barrierefrei

Die **Straßenbahnlinie 4** eignet sich für eine **preiswerte Stadtrundfahrt** vorbei an den wichtigen Sehenswürdigkeiten: Großer Garten, Altmarkt, Zwinger, Residenzschloss, Semperoper, Hofkirche, Augustusbrücke, Goldener Reiter und Japanisches Palais. Mit ihrer Endhaltestelle in Weinböhla hinter Radebeul ist sie zudem die längste Linie.

UMWELTFREUNDLICH UNTERWEGS

Dresdner Verkehrsbetriebe (DVB)
Mit zwölf Straßenbahnlinien, 27 Buslinien, drei Elbfähren und den beiden Bergbahnen am Loschwitzer Elbhang sorgt die DVB für ein dichtes ÖPNV-Netz in Dresden. Alle 60er-Busse und alle Straßenbahnen fahren von
6 bis 18 bzw. 20 Uhr im 10-Minuten-Takt, danach in längeren Intervallen.

Tickets: Kurzstrecke (bis 4 Haltestellen, 4er-Karte: 5,50 €), Einzelfahrt (2,30 €), Tageskarte (gültig bis 4 Uhr des Folgetages, 6 €), Familientageskarte (9 €), Kleingruppenkarte (bis 5 Pers., 15 €) und Wochenkarte (21 €).
Kinder bis 6 Jahre fahren frei. Die Mitnahme von Fahrrädern ist gestattet, dafür benötigen Sie aber, wie auch bei Hunden, abhängig vom normalen Ticket einen ermäßigten Fahrschein.
Das Gebiet Dresdens ist die Tarifzone 1, für weiterführende Fahrten gelten entsprechende Tickets über mehrere Tarifzonen bzw. den Verbundraum.

ServicePunkte der DVB: Haltestellen Albertplatz, Pirnaischer Platz, Postplatz, Hauptbahnhof und Prager Straße,
T 0351 857 10 11, www.dvb.de

Hin & weg

Verkehrsverbund Oberelbe (VVO)
Im Regionalverkehr verbindet der VVO Dresden per Bus und S-Bahn mit der Umgebung.
Die S-Bahn S1 fährt ab Neustädter Bahnhof, Bahnhof Mitte und Hauptbahnhof nach Meißen und nach Pirna und in die Sächsische Schweiz.

Auskunft: T 0351 852 65 55, www.vvo-online.de, www.bahn.de

Fahrradverleih
Mietstation: T 0175 444 83 86, www.mietstation-dresden.de, ab 8 €/Tag; Fahrräder, Pedelecs und alles für den Lasten- und Kindertransport
Station Nähe Hauptbahnhof:
St. Petersburger Str. 33/Sidonienstr., T 0351 48 43 43 56, Mo–So 9.30–13, 17–19 Uhr
Nähe Karstadt (kleine Auswahl): Ferdinandstr. 10, Mo–Fr 10–19, Sa 10–18 Uhr
Neustadt/Nähe Albertplatz:
Glacisstr. 5, Mo–Fr 10–13, 14–18, Sa 10–14 Uhr

Roll On Dresden: Nähe Albertplatz, Königsbrücker Str. 4a, T 0351 214 25 01, 0152 22 67 34 60, www.rollondresden.de, Mo–Fr 10–13, 16–19, Sa 10–13, So 10–12 Uhr, ab 8 €/Tag Roller, E-Bikes, Fahrräder, Kinderräder, -anhänger

UNTERWEGS MIT DEM TAXI

Telefonische Bestellung: T 0351 211 211. Nach Anruf sollte innerhalb von 5 Min. ein Taxi verfügbar sein.
Tarife: Grundpreis 3,90 €, 5–20 Uhr 1.–3. km 2,20 €, ab 4 km 1,80 € (20–5 Uhr 2 €)
Infos: www.taxi-dresden.de

STADTRUNDFAHRTEN

Stadtrundfahrt Dresden
Die rot-weißen Doppeldecker-Busse steuern auf ihrer Rundfahrt 22 Ziele

---

STADTRUNDGÄNGE ODER STADTRUNDFAHRTEN PER RAD

An der Dresden-Information im QF an der Frauenkirche starten von Mo–Sa jeweils um 10.30, 12.30 und 16 Uhr **Führungen mit Gästeführern** durch die Innenstadt (Dauer: ca. 100 Min., 10 €/Pers., erm. 8 €).

Kerstin Klauer führt gewitzt, herzlich und immer mit Tipps für gute Einkehrgelegenheiten durch Dresden, auch per Rad (und sie verrät auch, woher man eins bekommt; 2 Std./90 €, Festpreis, für max. 25 Pers., T 0351 801 90 48, www.stadtführung-dresden.de).

Igeltour bietet Führungen von klassisch bis ungewöhnlich (ab 8 €, T 0351 804 45 57, www.igeltour-dresden.de).

---

bzw. Haltestellen an, an denen man nach Belieben aussteigen und mit einem späteren Bus weiterfahren kann. An einigen Haltestellen wird eine Führung zu Fuß angeboten, z. B. zu Zwinger, Frauenkirche oder Fürstenzug.
Standardtour: Start Theaterplatz/Augustusbrücke, 9.30–17 Uhr alle 15 bis 30 Min., Fahrdauer 1,5 Std., Preis 22 €, bis 14 Jahren kostenlos
Info: T 0351 899 56 50, www.stadtrundfahrt.de

Sächsische Dampfschiffahrt
Die historischen Schaufelraddampfer der Sächsischen Dampfschiffahrt fahren von Diesbar-Seußlitz bis in die Sächsische Schweiz. Die kürzeste Strecke dauert 30 Min., die kürzesten Rundfahrten führen von der Altstadt ins Villenviertel Loschwitz (1,5 Std.) oder bis Schloss Pillnitz (3 Std.). (Tour »Stadtrundfahrt zu Wasser« 90 Min., 17,50 €, erm. 11 €, Ticketverkauf und Start am Terrassenufer, T 0351 86 60 90, www.saechsische-dampfschiffahrt.de.)

O-Ton Dresden

Ohr isch wer bleede.

Ich werd' verrückt.

Mir gehn boofn.

Einen Ausflug in die Sächsische Schweiz mit Übernachtung unterm Felsvorsprung machen.

Knaggor? Gibs beim Flescher.

Metzger heißen Flescher, und Knaggos sind leckere luftgetrocknete Rohwürste. Oder auch alte Männer.

Nu gugge ma da.

Sieh mal an.

NU!

Omnipräsente Bestätigungssilbe für alles zwischen »Ja«, »Stimmt«, »Richtig«. Kann sich zu »Nu glor« auswachsen: »Na klar«.

Übelst nett!

Sehr nett!

Das is do viehsch!

Das ist eine starke Nummer!

Den Deez einrammeln.

Den Kopf einhauen. Auch als Drohung: »Krischst glei ehne ofn Deez!«

Ei verbibsch!

So etwas! Verflixt nochmal!

Wir treffen uns unterm Strick.

Gemeint ist die Kuppelhalle des Hauptbahnhofs. In der Mitte hing jahrzehntelang die übrig gebliebene Halterung eines Kronleuchters herab.

BLIEMCHENGAWE

Dünn gebrühter Kaffee (sodass das Blümchendekor auf dem Boden der Tasse noch zu sehen ist), auch Malz- oder Milchkaffee.

Register

A
A. Lange & Söhne 102
Alaunpark 49
Alaunplatz 85
Alaunstraße 49, 99
Albertbrücke 57
Albertinum 39, 84
Albertplatz 10, 45, 98, 99
Albertstadt 11
Albertstraße 45
Albrechtsschloss 61, 62
Altana-Galerie 78
Alte Remise 87
Alter Jüdischer Friedhof 50, 51
Alter Schlachthof 107
Altes Heizhaus Dresden 101
Altes Wettbüro 107
Alte Wache 72
Altkötzschenbroda 81
Altmarkt 40, 98, 104
Altmarkt-Galerie 43, 98
An der Fähre 85
Antiquariat Bachmann & Rybicki 45
artCampus Gallery Meißen 83
art+form 101
Atelier für Einzelstücke 102
Atelier Japée 98
Atelier Kleinod 102
Atelier Sabine Vittinghoff 103
Augustusbrücke 10, 44, 58, 99
Ausgehen 104
Äußere Neustadt 10, 48, 90, 98, 99, 104

B
Bäckerei Scheinert 99
Bäckerei Scholze 4
Backstock Records 100
Ball- und Brauhaus Watzke 94
Bastei 81
Bauernmarkt am Rebecabrunnen 47
Bautzner Tor 93
Beatpol 105
Beherbergungssteuer 86
Behinderte 112
Bergpalais 71
Besenwirtschaften 66, 90, 95
Biergärten 90, 94, 104
Biokonditorei Bucheckchen 91
Blasewitz 11, 98
Blaues Wunder 5, 11, 56, 90, 104
Blockhaus 47, 59
Blue Child 103
Blue Note 106
Bogengalerien 25
Bootskeller 72
Botanischer Garten 10, 54, 55, 84
Boulevardtheater 108
Brand 81
brennNessel 92
Brücke/Most-Zentrum Dresden 89
Brühlsche Terrasse 38, 39
Buchhandlung Walther König 31
BuchHaus Loschwitz 65
Buchmuseum 79
Bunte Republik Neustadt 51, 111
Bürgerwiese 84

C
Café am Ring 41
Café Central 41, 43
Café im Rosengarten 57, 58
Café Neustadt 85
Café Oswaldz 91
Café-Restaurant Alte Meister 31
Café Schinkelwache 22
Café Taschenberg 35
Canaletto-Blick 4, 59
Carolabrücke 58
Carolaschlösschen 55
Carolasee 55
Caroussel 88
Centrum Galerie 42, 43, 98
Chiaveri 23
Chinesischer Pavillon 73
Citybeach 59
Cityherberge 87
Cossebauder Besenwirtschaft 95

D
Das lebendige Haus 87
Der Dicke Schmidt 92
Deutsches Hygiene-Museum 52, 54, 80
Deutsche Werkstätten Hellerau 74, 77
Down Town 108
Dreikönigskirche 45, 46
»Dresden 1945« 79
Dresden Frankfurt Dance Company 76, 77, 107
Dresden Museum Card 80
Dresden Tourismus GmbH 86
Dresdner Musikfestspiele 107, 108, 111
Dresdner Philharmonie 108
Dresdner Residenz Orchester 27

E
Ecke Nord 100
Edelrausch 99
Einkaufen 98
Einkaufspassage QF 37
Elbeflohmarkt 101
Elbegarten 94
Elberadweg 56, 79
Elbhang 63, 66, 67
Elbhangfest 63, 111
Elbsandsteingebirge 11
Elbsegler 58, 59
Elbufer 81, 84
Elbwiesen 7, 84, 109
ELEFimP 101
El Español 46
Erbgerichtsklause 68
Erich Kästner Museum 49, 50
Europäisches Zentrum der Künste im Festspielhaus Hellerau 77

Register

F
Fähre Johannstadt-Neustadt 85
Fährgarten Johannstadt 57, 58, 94
Falscher Hase 92
Felix 87
Ferdinands Homestay (Königstein) 89
Ferienwohnungen 89
Festspielhaus Hellerau 76, 107
Festung Königstein 81
Filmnächte am Elbufer 45, 58, 109, 111
Filmtheater Schauburg 109
Finanzministerium 47, 58
Fliederhof 71
Französischer Pavillon 25
Frauenkirche 10, 36, 38
Freibad Wostra 85
Freitreppe 71
Freytags Weingarten 69

G
Galerie Gebrüder Lehmann 49
Galerie Neue Meister 38, 39
Gare de la Lune 69, 108
Gartenstadt Hellerau 74
Gasthaus Hellerau 77
Gasthof Altes Gewölbe 89
Gasthof Bärwalde 92
Gedenkstätte Bautzner Straße 57, 58
Gemäldegalerie Alte Meister 6, 28, 59
Genuss Atelier 92
Georg-Arnhold-Bad 54
Gin Bar 105
Gläserne Manufaktur 52, 53, 96
Glockenspielpavillon 26
Goldener Reiter 44, 99
Goldstaubviertel 63, 64
Golgi Park 77
GrooveStation 106
Großer Garten 10, 52, 85
Grünes Gewölbe 32, 34

H
Hans Körnig Museum 79
Haus Altmarkt 41
Hausmannsturm 32, 35
Hebedas 105
Hechtfest 51
Hechtviertel 51
Heckenquartiere 73
Hellerau 11
Hellers Kuchenglocke 91
Herkuleskeule 107
Hierschönessen 92
Himmelsleiter 67, 69
Historisches Grünes Gewölbe 80
Hofcafé 50
Hofgärtnerhaus 87
Hofkirche 22, 84
Hostel Mondpalast 87
Hotel Bülow Palais 88
Hotel Martha 88
Hotel Privat 88
Hotel Westin Bellevue, Gärten 85

I
In Blüte 103
Innere Neustadt 10, 44, 90, 98, 99
Internationales Dixieland Festival 105, 111

J
Jägerhof 46
Japanisches Palais 10, 47, 59, 85
Jazzclub Tonne 107
Johanneum 37
Josef-Hegenbarth-Archiv 65
Julius Kühn-Institut 73

K
Kalter Hund 85
Karl May Bar 105
Karl May Museum 79
Karstadt Feinkost 100
Kastenmeiers 97
Katy's Garage 49
Kirchenruine St. Pauli 51
Kleinert's Spezialitäten 65, 91
Koch selbst! 96
Königliche Villa 67, 68
Königstraße 45, 90, 99
Königsufer 4, 10, 44
Körnerplatz 5, 98
Kraftwerk Mitte 104, 108
Kreuzchor 41, 107
Kreuzkirche 41, 107
Kristallpalast 40, 43
Kuchenatelier im Gewandhaus 41
Kügelgenhaus 46
Kulturpalast 41
KulturTerrasse Scholz 67, 69
Kunstakademie 39
Kunst-, Antik- und Trödelmarkt 101
Kunstgewerbemuseum 80
Kunstgewerbemuseum Schloss Pillnitz 72, 73
Kunsthandwerkerpassagen, Neustadt 47
Kunst Haus Dresden 46
Kunsthaus Raskolnikow 87
Kunsthof 49, 103
Künstlerhaus 65
Kupferstich-Kabinett 34
Kuppelrestaurant 23

L
Ladencafé aha 43
Laden für Kunsthandwerk und Holzspielzeug 72
Landesverein Sächsischer Heimatschutz 100
Lange Gang 37
Langgalerie 25
L'Art de Vie 46
La Villetta 95
Leipziger Vorstadt 59

Register

Leonhardi-Museum 64, 65
Lesage 97
Liebethaler Grund 81
Lila Soße 50, 51
Lindegrün 102
Lingner 55
Lingnerschloss 57, 61
Lingnerterrassen 62
Living Well Health Club 84
Loschwitz 11, 63, 67, 98, 113
Loschwitzer Friedhof 65
Loschwitzer Kirche 63
Lügenmuseum 79
Lustgarten 71

M
Mahl2 50
Malerweg 81
Marienbrücke 59
Martin-Luther-Denkmal 37
Martin-Luther-Kirche 51
Mathematisch-Physikalischer Salon 25, 27
Maximus 87
Meißen 11, 83
Mensa Brühl 38
Militärhistorisches Museum der Bundeswehr 78
Mrs. Hippie 103
Münzkabinett 34
Museen 78
Museum der Dresdner Romantik 46
Museum für sächsische Volkskunst und Puppentheatersammlung 46

N
Nationalpark Sächsische Schweiz 82
NEBENAN Pension und Weincafé 88
Neues Grünes Gewölbe 34
Neues Palais 71
Neue Synagoge 39
Neumanns Tiki 50, 51
Neumarkt 5
Neustädter Gelichter 51
Neustädter Hafen 59
Neustädter Markthalle 47
Niederlößnitz 82
Nymphenbad 26
Nymphenbrunnen 45

O
Obere Bergstraße 71, 83
Opus 61 99
Orangerie Schloss Pillnitz 73
Os2 58
Ostragehege 59, 111

P
Palais Brühl-Marcolini 85
Palais Sommer 45
Palmhaus 73
Panometer 79
Parkeisenbahn 55
Parkhotel 65
Pastamanufaktur 47, 77
Pegida 4, 7, 37
Pension/Apartments am Zwinger 87
Pension Raskolnikoff 93
Pfunds Molkerei 50, 51
Pillnitz 69, 70
Pillnitzer Schloss 11
Pinta Bar 105
Plattleite 65
Polenztal 81
Porzellansammlung 26
Prager Straße 40, 42
Prager Zeile 42
Prebischtor 81
Preiß Legere 102
Prießnitz 85
Prinzenbad 62
Privatunterkünfte 86
Programmkino Ost 109
Pullmann Hotel Dresden Newa 87
Puppentheater Sonnenhäusl 55
Purobeach 59

R
Radebeul 66, 79, 82
Radebeuler Weinbergswege 11
Radverleih Radsport Päperer 58
Rauschenbach Deli 105
Rebeccabrunnen 47
Residenzschloss 32
Restaurant Moritz 38
Restaurant William 27
Rhododendrongarten 68
Roll On Dresden 113
Ronny Beier 69
Rosis Amüsierlokal 108
Rundkino 42, 43, 109
Rüstkammer 35

S
Sachsenmarkt 54, 101
Sächsische Schweiz 5, 81
Sächsisches Staatsweingut 82
Sächsische Staatskapelle 108
Sächsische Staatsoperette 104, 108
Sächsische Weinstraße 66, 69
Saloppe 62, 108
Sankt Pauli 50, 51
Schaubudensommer 51, 106, 111
Scheune 49, 106
Schillerhäuschen 64
Schillerplatz 98
Schinkelwache 22
Schloss Albrechtsberg 57
Schloss Eckberg 57, 62, 89
Schloss Moritzburg 11
Schloss Pillnitz 70, 113
Schloss Wachwitz 68
Schloss Wackerbarth 82, 83
Schlüter's Käseeck 99

117

Register

Schmidt's 76, 77
Schulmuseum 78
Schwebebahn 63
Semperoper 21, 108
Senckenberg Naturhistorische Sammlungen im Japanischen Palais 46
Senfbüchse 63
Sicherheit 110
Sidedoor 105
Sixtinische Madonna 5, 30
Skaterpark 54
Skulpturensammlung 38, 39
Societaetstheater 47, 108
Spaargebirge 81
Sproutfood 96
Staatliche Porzellan-Manufaktur Meißen 83
Staatskanzlei 47, 57
Staatsschauspiel 108
Städtische Museen 80
Stadtrundfahrten 112, 113
Stallhof 37, 38
Standseilbahn 65
Strandbad Wostra 85
Straußenwirtschaft 95
Striezelmarkt 5, 111
Sweetwater 99

T
Taschenbergpalais 10
Technische Sammlungen 78
Thalia 109
Theater Junge Generation 104, 108
Theaterkahn 108
Theaterplatz 20, 104
Therese-Malten-Villa 89
Topf Secret 95
Traditionscafé Toscana 91
Tranquillo 50
Treidler (Bomätscher) 68
Treidlerwege 68
Trompeterhäuschen 71
Türckische Cammer 35
Türkenbrunnen 37

U
UFA-Kristallpalast 43, 109
Uttenwalder Grund 81

V
Veilchenweg 67
Verkehrsmuseum 37, 38
Villa Marie 57, 95
Villandry 93

W
Wachbergschenke 68
Wächterhäuschen 71
Wachwitz 67, 68
Wachwitzer Weinberg 67
Wachwitzgrund 68
Waldschlösschenbrücke 6, 57
Wallpavillon 24
Wasserpalais 71
Weg der Roten Fahne 42
Wehlen 81
Weihnachtsschmuck aus dem Erzgebirge 100
Weinbaumuseum Hoflößnitz 82
Weinberghaus 64
Weinbergkirche 72
Weincafé Clara 64
Weinfest Radebeul 83
Weingalerie Dr. Müller 62
Weingut Klaus Zimmerling 72
Weinkulturbar 97
Weinwanderweg 69
Weinwanderweg Sachsen 82
Weinzentrale 96
Weiße Gasse 41, 104
Weißer Hirsch 63, 64
»Weltsicht und Wissen um 1600« 35
Wendt & Kühn 102
Wettiner-Gruft 23
Winzerhäuser 67, 68
Winzerstraße 83
Wolfsschlucht 81
Wollner-Villa 68
Wostra 85

Y
Yenidze 4, 59

Z
ZentralOhrgan 99
Klaus Zimmerling 95
Zoo 10, 55
Zum Gerücht 95
Zwinger 6, 24

Das Klima im Blick
Reisen bereichert und verbindet Menschen und Kulturen. Wer reist, erzeugt auch CO_2. Der Flugverkehr trägt mit bis zu 10 % zur globalen Erwärmung bei. Wer das Klima schützen will, sollte sich – wenn möglich – für eine schonendere Reiseform entscheiden oder die Projekte von atmosfair unterstützen. Flugpassagiere spenden einen kilometerabhängigen Beitrag für die von ihnen verursachten Emissionen und finanzieren damit Projekte in Entwicklungsländern, die dort den Ausstoß von Klimagasen verringern helfen (www.atmosfair.de). Auch die Mitarbeiter des DuMont Reiseverlags fliegen mit atmosfair!

Abbildungsnachweis

DuMont Bildarchiv, Ostfildern: S. 51, 54, 71 (Kirchner)
Fotolia, New York (USA): S. 4 u. (Andronov); 42 (Pabkov); 49 (uskm)
Frank Grätz, Dresden: S. 5
Getty Images, München: S. 24 (Weinberg)
Glow Images, München: S. 44 (Wrba)
iStockphoto, Calgary (Kanada): S. 56 (Demarczyk)
Karl May Gesellschaft e.V., Radebeul: S. 120/8
Laif, Köln: S. 103 (Babovic); 37 (Biskup); 27 (Polaris/Bredehorst); 120/1 (Chudowski); 120/9 (Galli); 36 (Glaescher/Stern); 97, 104 (Le Figaro Magazine/Gladieu); 73 o. (Hirth); 112 (Huber); 98 (Kirchner); 94 (Lengler); 12/13, 86, 90, 100 (Linkel); 7 (Rigaud); 31, 96 (Schmid); 4 o., 14/15, 48, 57, 74, 80, 84, 88 (Theis)
Mauritius Images, Mittenwald: S. 78/79 (Alamy /GLC Pix); 20, 92 (Alamy/Harrington III); 120/4 (Alamy/Keystone Pictures USA); 23 (Alamy/Photobyte); Titelbild (imagebroker/Schnurer); 33 (imageBroker/Weber); 120/6 (mauritius history); 8/9 (McPHOTO/Gernhofer); 76 u., 101 (Travel Collection/Lengler); 26 (Warburton-Lee/Falzone); 73 u. (Wrba)
picture-alliance, Frankfurt a.M.: S. 28, 43, 62, 70 (Burgi); 120/5 (Carstensen); 82 (Derbis); 30, 34, 52, 63, 67, 83, 111, 120/7 (Hiekel); Umschlagklappe hinten, 16/17, 76 u. (Kahnert); 45, 66 (Killig); 39, 40 (Kirchner); 21 (Meyer); 60, 93, 106, 109 (Pedersen); 120/2 (Skolimowska); 32 (Spata)
Schapowalow, Hamburg: S. 53 (Scholz); 59 (SIME/Raccanello)
Wikipedia/Wikimedia Commons: 120/3 (Ingersoll)
Alle Zeichnungen: Gerald Konopik, Fürstenfeldbruck

Kartografie
DuMont Reisekartografie, Fürstenfeldbruck
© DuMont Reiseverlag, Ostfildern

Umschlagfotos
Titelbild: Neumarkt mit Frauenkirche
Umschlagklappe hinten: Radler vor der Silhouette der Dresdner Altstadt

Hinweis: Autorin und Verlag haben alle Informationen mit größtmöglicher Sorgfalt geprüft. Gleichwohl sind Fehler nicht vollständig auszuschließen. Alle Angaben erfolgen ohne Gewähr. Bitte schreiben Sie uns! Über Ihre Rückmeldung zum Buch und Verbesserungsvorschläge freuen sich Autorin und Verlag:
DuMont Reiseverlag, Postfach 3151, 73751 Ostfildern,
info@dumontreise.de, www.dumontreise.de

1. Auflage 2017
© DuMont Reiseverlag, Ostfildern
Alle Rechte vorbehalten
Autorin: Siiri Klose
Redaktion/Lektorat: Susanne Völler
Grafisches Konzept: Eggers+Diaper, Potsdam
Printed in China

Kennen Sie die?

9 von 548 800 Dresdnern

Olaf Schubert

»Dresden hat zwar das ganze barocke Gedöns …«, aber auch jemanden, der verquast davon berichtet! Schubert! Er bezeichnet sich selbst als: »Betroffenheitslyriker, Musiker, Poet, Weltbürger, Kosmopolit, Steuermann und Freidenker«.

Marion Ackermann

Frauenquote übererfüllt: Die Generaldirektorin der Staatlichen Kunstsammlungen hat gleich vier Sammlungsdirektorinnen unter sich.

August der Starke

Der Kurfürst war der größte Stadtentwickler Dresdens. Und generell ein Mann der Superlative: Mit bloßen Händen soll er Hufeisen zerbrochen haben, und auch im Bett ein Kraftprotz gewesen sein …

Erich Kästner

»Wenn es zutreffen sollte, daß ich nicht nur weiß, was schlimm und häßlich, sondern auch, was schön ist, so verdanke ich diese Gabe dem Glück, in Dresden aufgewachsen zu sein.«

Katja Kipping

»Lager der Solidarität stärken & Versprechen der sozialen Gerechtigkeit erneuern.« Markige Worte von der Chefin der Linken auf dem Parteitag im Sommer 2016.

Gret Palucca

Etablierte den Modernen Tanz in Dresden. Als junge Elevin hatte Palucca das Ballettstudium mit der Begründung »Ich will nicht hübsch und lieblich tanzen!« abgebrochen.

Der ›Pflaumentoffel‹

Alle Jahre wieder ist das aus Pflaumen zusammengesteckte Männlein auf dem Striezelmarkt anzutreffen. Es gilt als Glücksbringer, darf aber auch aufgefuttert werden.

Karl May

Na, fast Dresdner. Noch ist sein Wohnort Radebeul nicht eingemeindet, und genau dort liegt die ›Villa Shatterhand‹, Karl Mays Wohn- und Sterbehaus.

Gerhard Richter

In der Kunsthochschule fängt jeder mal mit Aktzeichnen an. 2015 kaufte ein Sammler ein Bild Richters für 41 Mio. € – damit gilt er als der teuerste europäische Künstler.